문헌연구

포스트모더니즘과 법

이상돈 · 이소영 · 민윤영 · 정채연 著

세창出版社

서 문

포스트모더니즘은 *아직* '어디까지가 모던하고 무엇이 포스트한가'가 '정립'되지 않았으며, *이미* 인문학계에서는 치열한 논쟁이 어느 정도 잦아든 상황이다. *아직* 그리고 *이미* 그러하기에 법학에서 '지금' 이야기할 '실익'을 찾기 어려운 것인가? 아니라고 본다. 나는 일찍이 10여 년 전부터, 특히 형법의 영역에서 포스트모던 법'현상'을 감지했었고, 더불어 최근에는 인권법과 법문학 작업을 통해 포스트모던 법'이론'의 효용성을 주장하였다.

내 문제의식을 받아들여 학문적 관심분야를 탐색해가는 나의 제자들(이소영, 민윤영, 정채연)과 함께, 지난 1년여 동안 매주 문헌연구세미나를 진행해왔다. 포스트모더니즘의 방법론을 받아들인 외국학자들의 여러 기초법 문헌들을 매주 읽고, 요약하고, 토론하였다. 여기, 그러한 우리들의 작업을 엮어, 『문헌연구 – 포스트모더니즘과 법』이라 이름 붙여 내어놓는다. 지젝과 같은 이른바 '당대의 인문학자'가 법(의 정신분석학)에 대해 논한 글도 다룬 한편, 자신의 기초법 영역을 한창 확립해가는 중인 중진학자들의 논문들도 정리해보았다. 포스트모던 시대의 법적 토포스를 두고 빚어진 '사상적' 논쟁들과, 차이의 정치와 탈식민주의의 '정치적' 좌표에 선 글들, 그리고 정신분석학과 문학비평의 '미학적' 차원을 끌어온 논문들을 나란나란 항목별로 정리하였다. 포스트모던 법학의 철학적 지평(**제1부**), 포스트모던 법학의 정치적 지평(**제2부**), 포스트모던 법학의 미학적 지평(**제3부**)이 각각 그것이다. 이로써 '포스트모더니즘과 법?'이라는 냉소적 (혹은 선의의) 의문에 대한 잠정적 답을 이 책을 읽고 나서 각자 그려낼 수 있기를 소망한다. 여기에 소개된 여러 문헌의 저자들 역시, 메일이나 전화통화를 통해서 이 기획에 대한 관심과 지지를 보여주었다.

이러한 우리의 문헌연구가 그 자체로서 '포스트모던 법학'을 일목요연하게 개념화해내었다고 자평하는 건 아니다. 그건 우리가 계속 공부해나가면서 이론화하고, 포스트모던 방법론을 수용한 학제 간 기초법 분과들로서 일구어야 할 미래의 과제이다. 그럼에도 포스트모더니즘이라는, 법학에서 생소하지만 더 이상 비켜갈 수 없는 테마에 다가서는 법학자와 법학도들에게 이 책이 조금이나마 가교역할을 ―좀더 욕심내자면, 매파역할을― 해줄 수 있지 않을까 생각해본다. 그런 바람을 갖고, 어쩌면 나와 내 제자들의 '공부과정'이라고도 할 수 있는 이 작업들을 세상에 내보인다.

가을, 연구실에서

이 상 돈

차 례

아래 저자들이 이메일 또는 전화통화를 통해 자신의 저작물들에 대한 요약서평이 실리는 것을 동의하였고, 문헌연구 프로젝트의 기획을 지지·격려해 주었습니다.

Douzinas, Costas (Birkbeck College, University of London)
Frank, Arthur (University of Calgary)
Gearey, Adam (Birkbeck College, University of London)
Laclau, Ernesto (University of Essex)
Merry, Sally (University of Wesley)
Milovanovic, Dragan (Northeastern Illinois University)
Moor, Sally (University of Harvard)
Mouffe, Chantal (University of Westminster)
Murphy, Tim (London School of Economics and Political Science)
Nedelsky, Jennifer (University of Toronto)
Santos, Boaventura de Sousa (University of Coimbra)
Spivak, Gayatri (University of Columbia)
Tamanaha, Brian (St. John's University)
Tadros, Victor (University of Warwick)
Valverde, Mariana (University of Toronto)
Zizek, Slavoj (Ljubljana University)

▌일러두기

본문 괄호 안에 표기된 숫자는, 원 문헌에 수록된 페이지입니다.

1부

포스트모던 법학의 철학적 지평

첫째 마루 _ 새로운 법 개념에 관한 세 가지 은유: 접경, 바로크, 남쪽

둘째 마루 _ 토포스 속에서 자아를 찾고 자아를 잃다

셋째 마루 _ 통치성과 규율 사이에서: 법과 미셸 푸코

넷째 마루 _ 확실성의 매듭이 끌러지다: 법인류학의 격동 50년

다섯째 마루 _ 화자의 관점

여섯째 마루 _ 법, 경계, 경계 안에 갇힌 자아

일곱째 마루 _ 고통, 기억 그리고 자유주의적 법적 주체의 형성: 니체와 형법

새로운 법 개념에 관한 세 가지 은유:
접경, 바로크, 남쪽

▶ Three Metaphors for a New Conception of Law: The Frontier, the Baroque, and the South
B. de Sousa Santos, Law & Society Review 제29권 제4호, 1995

reviewed by | Yoonyoung Min

저자 보아벤투라 데 소사 산토스(Boaventura de Sousa Santos)는 1940년 포르투갈 코임브라에서 태어났다. 예일 법과대학원에서 법학 석사학위를 취득한 후, 동 대학원에서 1973년 법사회학으로 법학 박사학위를 취득하였다. 현재 코임브라 대학의 사회학과 정교수로 재직하고 있으며, 위스콘신-매디슨 법과대학원의 Distinguished Legal Scholar이다. 그의 연구 관심분야인 법과 세계화, 법다원주의, 다문화주의, 인권, 법사회학, 인식론 등에 관하서 다수의 저서를 출간하였다. 코임브라와 매디슨 이외에, 브라질, 영국, 멕시코, 아르헨티나, 콜롬비아, 앙골라, 모잠비크, 스페인 등 각지의 일반대학원과 로스쿨에서 강의를 하고 있다. 최근 저작으로 *Toward a New Legal Common Sense: Law, Globalization, and Emancipation*(2002), *Another Production is Possible: Beyond the Capitalist Canon (ed.)*(2006) 등이 있다.

I 우리는 패러다임 전환의 시대에 들어와 있다. 근대 패러다임에서 아직은 충분히 정의되지 않은 새로운 패러다임으로의 전환이다(569). 근대 패러다임은 합리성 개념으로부터 기인하는 사회규제와 사회해방 사이의 균형에 기반하고 있다. 19세기 중반부터 사회 분야에서 규제와 해방을 균등하게 하는 것은 근대 과학에 맡겨진 임무였다. 사회를 과학적으로 취급하는 것은 장기간을 요하는 프로젝트였으므로, 단기적으로 근대 과학은 근대법의 복종적이면서 동시에 중심적인 참여를 필요로 했다. 사회의 과학적 비정치화가 완성되지 않은 한, 사회적 저항, 갈등 등은 사법적(정치적이지 않은) 문제로 통합됨으로써 관리되었다. 따라서 법에 의한 사회의 관리는 사회의 합리적 관리의 잠정적인 모습이 되었다. 이러한 역할을 적절하게 수행하기 위해서, 법은 스스로 과학적이 되었다: 법은 독일의 판덱텐으로부터 켈젠(Kelsen)의 순수법학, 법실증주의, 자기재생산(autopoiesis)으로 전환되었다. 과학의 비호 아래에서 이루어진 과학과 법의 협동적인 관계와 의미의 순환은 근대성의 근본적인 특성 중 하나이다(570).

근대 패러다임은 깊고 되돌릴 수 없는 위기를 겪고 있다. 역사적 관성에 의해 근대 패러다임이 아직 지배적이지만, 개혁의 잠재성은 고갈되었다. 해방의 규제로의 붕괴는 근대 패러다임의 고갈을 상징한다. 근대 패러다임의 위기는 근대 과학의 위기를 의미하며, 실제로 요즘의 패러다임 전환은 인식론적 수준에서 가장 확연하다. 모든 문제에 적용 가능한 과학적이며 기술적인 해결책이 있다는 생각은 우리의 가장 근본적인 문제점으로 점점 더 인식되고 있다. 근대 과학의 패러다임 위기는 필연적으로 근대법의 위기를 동반한다. 이러한 위기의 주요한 증상은, 해방적이게 되는 것에 실패하자, 법적 규제가 극단적인 규제로 되고 있는 점이다. 이것들이 우리가 한 세기의 끝을 맞이하면서 직면하게 된 근본적인 문제들이다. 1841년에 샤를 푸리에

(Charles Fourier)는 사회 과학자들이 그들의 과학이 직면하고 있는 근본적인 문제를 체계적으로 외면한다고 비판했다(571). 150년이 지났지만, 그가 지적한 부분은 여전히 변하지 않은 듯 보인다. 내가 보기에 사회과학의 불명확함은 푸리에의 시대보다 더 증대되었다. 19세기 중반에, 푸리에는 사회과학의 불명확성은 그들이 자연과학의 "확실한" 지식의 방식을 채택한다면 해결될 것이라 믿었다. 이러한 인식론적 낙천주의는 패배했고, 자연과학 역시도 불확실한 과학이 되었다. 우리의 문제는 푸리에의 그것보다 좀더 근본적이다. 근대성 개념에 의해 약속되었던 미래는 이제 없다.

우리는 새로운 급진적인 대안을 통해 미래를 다시 고안해야 한다. 단지 현재의 패러다임을 비판하는 것은, 중요하지만, 충분하지 않다. 우리는 새로 나타나는 패러다임을 정의해야 하고, 이것이 진정 중요하고 어려운 일이다(572). 나는 새로운 장소를 창안해내기보다 같은 장소에서 중심에서 주변으로의 급진적인 대체를 할 것을 제안한다(573).

앞으로 다가올 패러다임 경쟁을 직면하기에 충분히 유능한 포스트모던 주체성들을 구축하는 것과 그들에 의해 열려질 해방적 가능성을 탐색하고자 하는 의지는 반드시 세 가지 주요한 토포이(Topoi), 혹은 은유에 의해 이끌어져야 한다 : 접경(the Frontier), 바로크(the Baroque), 그리고 남쪽(the South)이 그것이다.

II 접경(The Frontier)

새로 출현하는 주체성은 접경에서 살아가는 것을 즐긴다. 접경에서 스스로를 편하게 만드는 것은 새로운 주체성의 몫이다. 접경에서의 삶의 주요한 모습은: 개척자와 이민자들이 가지고 온 전통의 매우 선택적이며 수단적인 이용; 사교성의 새로운 형태들의 개발; 약한 계급 제도; 권력과 사법적 질서의 다원성; 사회적 관계의 유동성; 낯선 사람과 가까운 사람의 혼란; 전통의 혼합과 발명이다.

접경에서 산다는 것은 빈 공간과 시간들 사이의 시간에서, 현소유자의 부재 상태에서 사는 것이다. 이러한 상황의 참신함은 모든 예측과 계획을 전복한다. 접경에서 산다는 것은 세계를 개인적인 질문으로 전환하고, 활동과 결과에 대한 개인적 책임감을 가진다는 것을 의미한다. 접경에서 당신은 새로운 세계를 창조하는 데 일조한다는 느낌에 의지해서 살아간다. 접경 정체성을 형성하는 것은 언제나 느리고 위태로워 보이며 매우 어렵다. 또한 중심과 접경 사이에 매우 먼 거리가 주어지는데, 그 중심은 권력의 중심, 법의 중심 혹은 지식의 중심일 수 있다(574).

접경의 사람들은 그들의 충성심을 권력의 다양한 자원들에 분배하며, 그들의 에너지를 권력에 대한 다양한 형태의 투쟁에 적용시킨다. 그들은 권위의 자원이 다양하게 존재하는 것을 촉진시킨다. 다시 말해, 미국 북부의 접경들은 전통적으로 국가의 권위가 약하고, 법이 관습적 실행의 결과이거나 임시변통의 창조물이었던 지역들이다. 접경에서 산다는 것은 요새 밖에서 사는 것을 의미하고, 다양성을 통해 상호적인 풍부함을 가질 기회를 인정하는 것이고, 찰나적인 전통을 얻는 것을 의미한다. 비록 이것이 추방과 비슷한 면을 가지고 있지만, 접경은 추방지가 아니다. 접경에 관한 한, 추방의 경우에 전형적인 것처럼, 중심의 존재는 집에 있는 사람들과 아닌 사람들을 명백하게 구분할 만큼 강하지 않다. 반대로 접경은 뒤죽박죽이다. 접경에 사는 것은 가장자리의 삶을 살지 않으면서 가장자리에 사는 것이다. 내부에서 외부로, 그리고 외부에서 내부로 보고, 중심에 관심을 두면서 가장자리 역시 관심을 가짐으로써 둘 다를 이해하는 것이다. 중심을 이동시키면서, 접경 주체성은 중심이 생산하고 헤게모니적 전략으로 숨겨왔던 억압을 더 잘 이해할 수 있는 위치로 들어섰다(575).

Ⅲ **바로크**(The Baroque)

내가 접경 개념을 사용했던 것과 마찬가지로, 나는 '바로크'를 주체성과 사교성의 한 형태를 뜻하는 문화적 은유로 사용한다. 예술적 스타일이나 역사적 시기로서, 바로크는 본질적으로 근대성의 중심에서 벗어난, 별난 형태이다. 중심의 힘의 상대적인 약함은 바로크에게 가장자리와 주변부에 창조성과 자율성을 허용하는 특성을 부여한다. 내가 바로크에 관심을 갖는 이유는 이것이 중심의 약함의 극단적 발현인 까닭에, 탈중심적이고, 전복적이며, 불경스러운 상상의 발달을 위한 특권화된 영역을 구성하기 때문이다. 바로크는 가장 먼 가장자리에서 형태를 갖추기 때문에 놀랍도록 접경과 조화를 이룬다.

바로크 주체성은 질서와 규범의 일시적인 중지와 편안하게 살아간다(576). 이것은 규범의 고갈에 의지한다. 바로크 주체성은 지역에 투자한다. 지역이 제공하는 위안은 지배적인 법률의 고갈로 인한 깊은 허망함과 방향감각 상실의 감정으로부터 끌어내지는 것이므로, 휴식의 위안이 아니라 방향감각을 갖는 데서 오는 위안이다. 뵐플린(Wölfflin)이 제시했듯이 "모든 것에서 영속성과 평안함을 찾았던 르네상스와 반대로 바로크는 처음부터 명확한 방향감각을 가졌다."

바로크 주체성과 관련하여 고려할 때, 형식들은 진정한 자유의 실행이며, 극단적 진지함으로 다루어져야 한다. 형식을 생산하는 극단론은 또한 형식을 먹어치운다. 이러한 탐욕은 두 가지 형태를 띤다: 스푸마토*(sfumato)*와 메스띠사헤*(혼혈주의 mestizaje)*가 그것이다. 바로크 그림에서 스푸마토는 아웃라인과 물체들 사이의 색을 흐리게 하는 것이다. 이것은 바로크 주체성으로 하여금 다른 지성들 사이에 가까움과 친밀함을 창조하게 만들고, 따라서 서로 다른 문화 사이의 대화가 원해지고 가능해지게 만든다(577). 예를 들어, 스푸마토에 의지하는 것에 의해서만, 서구(human rights), 힌두(dharma) 그리고 이슬람(umma)

개념을 동시에 고려해서, 인류 공동체의 존엄성에 다문화적인 형식을 부여하는 것이 가능하다. 메스띠사헤는 스푸마토를 극한점까지 밀어올리는 방법이다. 스푸마토가 형식의 붕괴와 파편의 복구를 통해 작동하고 있을 동안, 메스띠사헤는 그들의 본질적인 파편들을 고려할 때 진정으로 알아차려질 수 없고, 혹은 불경스러운, 의미의 배치의 새로운 형식의 창조를 통해 작동한다.

바로크 축제가 너무나 잘 보여주듯이, 바로크 주체성은 우스꽝스럽고 전복적이다. 축제는 정치적 권력이나 종교적 권력에 의해 그들의 위대함을 극대화하거나 대중에 대한 그들의 지배를 강요하기 위해 사용되었다. 중요한 것은 바로크 축제에서 그것의 해방적 잠재력을 발굴하는 것이다. 그런 잠재력은 불균형, 웃음 그리고 전복에 존재한다. 바로크 축제는 균형에서 벗어나 있다. 불균형은 놀이적인 거리와 웃음을 가능케 한다. 웃음은 쉽게 코드화되지 않으므로, 자본주의 근대성은 유쾌한 명랑함에 전쟁을 선포했고, 그에 따라서 웃음은 신성모독적인 것이거나, 그게 아니라면 경박하고, 부적절하며, 괴상한 것으로 여겨졌다. 웃음은 오직 엔터테인먼트 산업의 고도로 코드화된 맥락 속에서만 인정되게 되었다. 막스 베버가 근대 세계의 탈주술화라고 부른 웃음과 놀이의 추방이다. 바로크 축제의 세 번째 해방적인 면은 전복이다. 사회관습을 카니발화함으로써, 바로크 축제는 전복적인 가능성—권력의 중심이 축제의 주동자임에도 불구하고, 그런 권력의 중심으로부터 축제 스스로를 멀리하는 정도로까지 증가되는—을 보여준다(578).

Ⅳ 남쪽(The South)

패러다임 전환의 주체성을 구성하기 위해 내가 제안하는 세 번째 토포스는 남쪽이다. 접경이나 바로크처럼, 여기서 남쪽이란 문화적 은유로 사용되었다. 남쪽은 자본주의에 의한 종속의 모든 형태를 표현하는 것으로 이해된다: 착취, 징발, 억압, 침묵시키기, 불평등한 차별 등. 남쪽은 북쪽과 서쪽을 포함해서 전 세계적으로 퍼져나갔다.

남쪽 주체성의 구성은 그것이 발생하는 지역에 따라 달라진다. 중심 국가들에서는 그것은 제국적 북쪽에 관한 낯설게하기(defamiliarization)를 포함한다. 이러한 낯설게하기는 매우 어려운데, 그 이유는 북쪽은 제국으로서의 자신 이외에는 자신에 대한 아무런 기억이 없기 때문이다. 하버마스가 한 예인데, 그가 그의 이론에 대해서 “나는 이것이 유럽 중심으로 한정된 관점이라는 사실을 알고 있다”고 말한 것은 하버마스의 대화적 합리성이, 그것의 보편성에 대한 주장에도 불구하고, 세계 인구의 4/5를 대화에 참여하는 것으로부터 제외하는 것으로 시작된다는 것을 의미한다(579).

제국의 관계들에 대한 비평은 반드시 단계에 따라 진행되어야 한다. 우선, 남쪽이 존재한다는 것을 배워야 하는데, 이것은 제국적 관계를 제국적인 것으로 이해하는 것이고, 그것이 침략자와 희생자로 이루어져 있다는 것을 아는 것이다. 두 번째는 남쪽으로 가는 것을 배우는 것이며 마지막은 남쪽으로부터 배우는 것이다. 촘스키는 첫 번째와 두 번째 단계는 상당히 충족시켰지만 세 번째는 아직 미흡하다. 남쪽으로부터 배우려면 우리는 무엇보다도 우선 남쪽이 말을 하도록 해야 하는데, 그 이유는 침묵되어졌다는 것이 남쪽의 중요한 정체성이기 때문이다. 북쪽에 의해 착수된 인식소(에피스테메: episteme) 말살은 거의 항상 언어말살과 동반되어졌고, 남쪽은 할 말도 없고, 할 말을 담을 언어도 없는 것으로 여겨짐으로써 이중으로 담론에서 제외되어졌다. 남쪽 주체성의 구축은 북쪽에서보다 남쪽에서 더 쉽지 않다. 제국의 산물로서, 남쪽은 남쪽이 존재하지 않는 남쪽의 집이다. 말하자면, 남쪽 주체성의 구축은 제국적인 북쪽과 제국적인 남쪽 모두에 관한 낯설게하기의 과정을 거쳐야 한다(580).

남쪽 주체성은 해방을 위한 주제의 구축에 대한 연대 의식의 순간을 구성한다: 근대성에 의해 제안된 것보다 훨씬 더 방대한 상호관계의 순환의 구축, 즉 동시에 지역적이면서 초국가적이고, 즉각적이면서 세대 간의 무엇인가가 되는 조르게(Sorge)가 그것이다.

비제국적(nonimperial) 남쪽을 향한 길은 세 가지 주요 순간들을 가진다: 반란(저항)의 순간, 인간 고통의 순간, 침략자-희생자의 연속성의 순간.

반란의 순간은 제국적 질서가 파괴되고, 간단히 말해서, 혼란스러워지는 때이다. 제국적 관계에 그들 자신의 존재를 의지하고 그에 업혀서 번영했던 관습적인 사회과학은 반란의 순간에 대한 납득할 만한 분석을 제공하지 못한다. 인간 고통의 순간은 남쪽에서의 삶의 경험과 훌륭한 삶에 대한 이상 사이의 모순의 순간이다. 침략자와 희생자의 연속성의 순간은, 아무도 간디보다 더 잘 제시하지 못했다. 간디는 어떤 지배의 체계든지 피해자와 박해자 모두를 야만화하며, 박해자 역시도 해방될 필요가 있다고 분명히 강조했다.

V 접경, 바로크, 그리고 남쪽의 토포이는 패러다임 전환의 해방적 잠재력을 탐구하고자 하고, 그럴 능력이 있는 주체성의 재창조의 주역이다. 이 세 가지 토포이 중 무엇 하나도 홀로 해방을 위한 주제의 창조를 담보하지는 않는다. 각각의 토포스는 따로따로 존재하면, 오히려 해방의 의지를 청산케하고 해방적 프로젝트들의 신용을 떨어뜨리는 데 공헌할지도 모를 규제의 탈중심적 형태를 승인할지도 모른다(581). 접경의 토포스가 그것 혼자서만 작동해서는 연대성의 새로운 형태를 가능하게 하기보다 오히려 식민주의를 위한 새로운 공간을 열어줄지도 모른다. 이것의 예는 극단적 우익 무장 집단이다. 마찬가지로 바로크의 토포스 역시 혼자서는 —열정을 불러일으키고, 연대성으로

가장한 식민주의의 형식에 대한 무비판적인 집착을 촉진하기 위하여, 기교와 극단성에 의지하는 경향이 있는— 주체성과 사교성의 교묘하게 다루는 형식들의 근원이 될 수 있을 것이다. 이것은 예를 들자면, 정치적 조건부로써 세계은행과 IMF에 의해 강요된 자유민주주의와 인권의 경우이다. 마지막으로, 남쪽의 토포스는 식민주의를 폐지하기 위해 노력하는 와중에 연대성의 가능성마저도 폐지하는 권위주의적인 주체성들로 결과지어질 수도 있다. 이것의 예를 들자면, 남쪽 근본주의가 있다.

신생하는 주체성과 연대성은 따라서 이 세 가지 토포이의 배합이며, 그렇게 함으로써만 해방적일 것이다. 같은 이유로, 근대법도 신생하는 접경, 바로크, 남쪽의 합법성의 배합을 통해서만 성공적으로 패러다임 전환에 대처할 수 있을 것이다. 따로따로 적용된다면, 이러한 각각의 대안적 합법성은 해방의 규제로의 붕괴를 재생산할 위험, 다시 말해서 근대 법률에 감금될 위험을 무릅쓰게 된다.

비록 우리의 근본적인 문제들을 근대의 언어로 말하는 한계에 처해 있지만 우리는 그 문제들이 근대적 해결방법으로 풀리지 않을 것이라는 것을 알고 있다. 그 사실은 우리가 현재 들어서고 있는 패러다임 전환의 특징이며, 이러한 분리에 우리의 희망이 놓여져 있다.

◆ 비 평 : 포스트모던의 상징적 개념표지 ◆

저자는 이 글에서, 우선 근대성에 대한 개괄적인 논의를 하고 그것의 문제점을 지적한 후, 새롭게 나타나는 패러다임을 정의하는 것의 중요성을 언급한다(I). 포스트모던의 상징적 개념표지로서 접경(II), 바로크(III), 남쪽(IV)을 제안하고, 그 개념표지들이 함께 작용했을 때에만 해방적일 수 있다고 주장하고 있다(V).

결론부분에서 저자 스스로 밝혔듯이, 이 논문은 태생적인 한계를 안고 있다; 포스트모던의 고유한 언어가 아닌, '주체성' 등의 근대의 언어로 포스트모던을 이야기한다는 것이 그것이다. 하지만 그럼에도 저자가 희망이 있다고 말한 것은 근대의 문제를 근대의 개념 안에서만 해결하려던 관점에서 벗어나, 새로운 길을 모색해야 한다는 문제의식이 표면화되기 시작했다는 점 때문일 것이다.

비록 저자가 '접경'의 개념표지를 통해서는 다원성, 혼란, 선택을 통한 혼합과 발명, '바로크'의 개념표지를 통해서는 불균형성, 코드화되지 않음, 전복, 마지막으로 '남쪽'의 개념표지를 통해서는 낯설게하기, 상호관계의 순환 등, 포스트모던의 고유한 특성을 반영하는 포스트모던의 언어를 제시하려고 하지만, 저자의 세 가지 개념표지는 서로 명확하게 구별되지 않으며, 모호하게 느껴진다. 하지만 이런 모호함이 이 논문의 고유한 가치를 깎아내릴 수는 없는데, 이 논문이 의미를 갖는 이유가 저자가 제안하는 세 가지 개념표지들이 정치하다거나, 논리적으로 탁월하기 때문이 아니기 때문이다. 그러한 개념적 완성도보다는 근대의 언어로서 포스트모던을 이야기하던 경향—근대 표지의 반대어로 포스트모던을 표제화하던 경향—을 직시하고, 불완전한 단계에서라도 새롭고 신선한 표지들을 통해 포스트모던을 표제화하려는 시도를 했다는 것에 이 논문의 의의가 있다. 오랜 역사 동안의 연구와 논의 끝에 다져진 근대의 개념표지만큼, 명확하고 잘 다듬어진 표지들을 제시해주기를 기대하는 것은 지나치다고 본다. 그것보다는 학문적 논의들이 쌓여갈 수 있는 시작점을 제안했다는 점에서 저자의 시도가 충분히 유의미한 일이라고 생각된다. 하지만 저자의 '은유적 표제화'의 시도는 은유되는 대상—여기서는 포스트모던—을 보다 쉽게 이해할 수 있게 하는 장점을 가짐과 동시에, 포스트모던의 해방적인 해체지향성과 반대되는 은유의 '보편화를 향한 폭력성'을 피해갈 수 없다는 한계를 지닌다.

포스트모던 내에서도 포스트모던을 표제화하려는 저자의 시도에 대한 비판적인 관점들이 존재하며, 그런 비판들은 상당부분 타당성을 지닌다. 그러한 비판적 반박글로서, 다음 논문인 쿰(Coombe)의 "Finding and Losing One's Self in the Topoi: Placing and Displacing the Postmodern Subject in Law"를 읽어보도록 한다.

토포스 속에서 자아를 찾고 자아를 잃다

▶ Finding and Losing One's Self in the Topoi: Placing and Displacing the Postmodern Subject in Law
R. J. Coombe, Law & Society 제29권 제4호, 1995

reviewed by | Soyoung Lee

저자 로즈마리 쿰(Rosemary Coombe)은 웨스턴 대학에서 학부를 마치고, 스탠포드 대학에서 법학석사 및 박사학위를 수여받았다. 보스턴 대학과 MIT 등에서 강의했으며, 토론토대 법과대학 교수를 거쳐, 현재 요크대 인문학부 정교수로 재직 중이다. 또한 캐나다 법학·정보통신·문화연구 상임연구소장으로도 활동하고 있다. 문화인류학 및 법이론 분야를 주로 강의하고 있으며, 사회정치사상 전공의 대학원강의를 맡고 있기도 하다. 그녀의 최근 관심사는 지적재산권 분야인데, 특히 문화생산물에 대한 근대적 소유권 개념을 비판하며, 문화적으로 재구성된 포스트모던 저작권이론을 펼치고 있다. 또한 공공영역을 확보하기 위한 시민사회운동이 좀더 인류학적 다양성과 개방성을 가져야 할 것을 주장한다. *The Cultural Life of Intellectual Properties, Still this Music: How Intellectual Property Law Affects Musical Creativity?* 등, 최근 저작들도 그녀의 그러한 관심사를 잘 반영하고 있다.

I 산토스(Santos)가 '포스트모던적 주체'를 위치짓기 위해 제시한 은유(metaphors)들은 말할 나위 없이 탄탄한 경험적 연구와 이론적 숙고 끝에 탄생했을 것이다. 그의 연구에 대해 극히 짧은 지식만을 갖고서, 나는 그가 총체적 문제의식을 펼쳐감에 있어 좀더 경청했으면 하는 사회역사적인 맥락화(contextualization)의 문제에 대해 감히 몇 가지 주장을 펼쳐 보려 한다. 앞질러 간략히 말하자면 내 주장의 요지는, 우리가 법을 진보적으로 '새롭게 상상하기' 위해서는 ―포스트모던이든 아니면 또 다른 무엇이든 간에― 어떤 특정한 형태의 주체를 선호하기보다는, 끊임없이 주체로 하여금 스스로의 특권을 의문시하게 만들어서, 위기에 봉착하도록 해야 한다는 것이다(599).

산토스가 제시한 은유들이 나르는 이데올로기적 봇짐(baggage)들과 그것들이 그려내는 사회적 영향력의 역사적 궤도를 검토하기에 앞서, 나는 일단 이른바 '포스트모던 주체'라는 새로운 주체가 '이 세상에 나옴'을 환영하고, 또 축복하고자 한다. 그는 너그럽고 이해심 깊으며, 쾌활하고 또한 생기발랄하다. 그런데 문제는 내가 그를 좀체로 그려낼 수 없다는 데 있다. 그는 일정한 상황 속에 존재하는 게 아니고, 몸뚱아리도 역사도 갖고 있지 않으며, 어떤 전통이나 선대의 권리주장에 얽혀 있지도 않다. 권력과 자원이 불균등하게 분배되어 있고, 식민주의와 제국주의 역사의 흔적들이 현존하며, 적대와 갈등의 가능성들이 내재된, 그러한 세상 한가운데 '포스트모던 주체' 또한 위치하고 있다는 사실을 산토스는 간과하는 듯하다. 앞에서도 언급했듯 난 포스트모던 주체에게 특권을 주기보다는, 그러한 주체가 어떠한 인지되지 못한 사회경제적·문화적 특권을 점하고 있는지를 드러내 보여야 한다고 생각한다(600).

공론영역에 관한 근래의 여러 연구성과들이 제기하듯, '추상적이고(abstract) 실체 없는(disembodied)' 주체는 자신의 고유한 특수성이 '패러다임적인 주체성'의 기획 아래 입막음당한다는 점에서 실은 추상적이지도, 실체가 없지도 않다. 많은 경우 자신이 점하고 있는 몸은 사회적으로 그들을 특정한 방식에 따라 규정짓는다. 그들에게 있어 보편성을 주장하는 건 곧 '몸'에 아로새겨진 특수성을 거부하는 것을 의미한다. '몸'의 사회학을 초월한다면 이는 분명 유토피아적 보편성의 발현이겠으나, 많은 이들에게 그건 동시에 억압의 근원이기도 한 것이다. 누군가가 인류를 위해, 시민을 위해서, 혹은 민중을 대변하여 이야기하는 그 수사학적 전략은, 한편으론 타자를 그들의 고유한 역사들로부터 소외시키는 동일자의 특권이기도 하다. 이는 계몽주의적인 부르주아 공론영역에 의해서도 수 차례 사용되었다. 내가 '포스트모던 주체'에게 자기가 점한 '몸'의 정체성을 밝히라고 촉구하는 건, 자기의 문화적 특성이 점하는 위상을 먼저 의문시하지 않은 채 보편적인 그 무엇에 관해 말하는 자들의 특권에 맞서 항변하기 위해서다(601).

Ⅱ-1 포스트모던 주체는 어떤 사회적 위치를 점하는가? 산토스가 스케치한 바에 따르면 '그'는 언제나 새로운 지평을 찾아 쉼 없이 돌아다니며 새로이 지도그리기를 하고, 색다른 경로를 모색한다. 접경(frontier)에서 제 집에 온 것처럼 느끼는 건 순전히 개척하는 자의 의지에 달렸고, 새로운 지식과 새로운 법칙들은 그의 창조성에 따라 구축되는 것이다. 그러나 다른 각도에서 볼 때 포스트모던 주체가 접경에서 활동할 수 있는 자유는 방해되는데, 접경지는 오로지 개척자의 팽창주의적인 시야에서 볼 때만 '개척지'일 수 있기 때문이다. 그런 측면에서 나는 프랫(Pratt)이 제시한 접촉지대(contact zone)라는 개념이 더 설득력 있다고 보는데, '주체(들)는 상호간의 접촉 속에서, 그리고 그것에 의해서 구축된다'는 측면을 더욱 강조했다는 점에서 그러하다. 접경을 제 집처럼 편히 여기는 '포스트모던 주체'는, 그렇게 관계에

'의해서' 자신이 구축되는 차원에의 인식이 부족한 듯하다(602).

더 나아가 포스트모던 주체는 이른바 '빈 공간'에 대한 신화에 현혹되어 있는 듯한데, 그런 신화는 다분히 마초적이며, 식민주의적 판타지에 젖어있는 것이라 하겠다. 이는 우리가 늘 타자—인간이든 비인간이든—가 점하고 있는 공간 속에, 바꿔 말해 타자가 이 세상에 존재하는 방식들의 역사적 특이성 속에 자리한다는 점을 간과한 오만의 발로이다. 유럽인 아담(Adam)은 역사화되지 않은 빈 공간을 거닐며 자신의 이상과 욕구를 투영하여 사물을 이름 붙인다. 여기서 역사화되지 않은 빈 공간인지의 여부는 자본주의적 이해관계에 따라 판단된다. 설령 그 공간을 점유하고 살아가는 당사자들의 관점에서는 토착화된 지식형성 형태에 따라 촘촘히 역사화되고 둔명화된 공간일지라도 말이다. 이처럼 한 사람의 접경(개척지)은 또 다른 이의 집이고, 누군가에게 있어서의 '낯선 곳에의 접촉'이 다른 이에게는 곧 '침범'일 수도 있는 것이다. 타자의 감수성과 문화적 이해를 섬세하게 고려하지 못한 채 타자의 '집'에서 제 집인양 느낀다면, '포스트모던 주체'는 자신의 근대적 선조들(modern forebears)과의 충분한 거리두기에 성공했다고 보기 어렵다(603).

Ⅱ-2 더욱이 접경지의 빈 공간은 —역사적으로 특히 바로크시기에— 여성으로서 지도 그려졌고, 강탈당하기 위해 내바쳐진 여성의 성적 육체로서 묘사되어 왔다. 물론 산토스가 자신의 글에서 '바로크'라는 개념을 그 역사적 맥락으로부터 떼어내어 '포스트모던 주체'의 감수성을 묘사하는 일종의 문화적 비유로서 사용할 권리를 주장한 건 사실이다. 바로크는 '하나의' 역사적 시기가 아니라는 것이다. 그러면서도 그는 유럽의 남미 식민지국가들이나 17세기 미술·건축양식, 포스트 르네상스 미학을 언급하고 있다. 나 역시 같은 시기적 선상에서, 당시의 바로크 교

회건축들이 신세계의 환경을 압도했던 역사를 얼마든지 이야기할 수 있다. 토착인들의 관점에서 볼 때, 바로크는 전복적인 즐거움을 선사하는 공간이라 하기 어려웠고, 불경스러운 상상력(blasphemous imagination)에의 환희가 그들에게는 그다지 재미날 이유도 없었을 것이다. 자유로운 영역을 제공하는 것이 아닌, 단지 중심으로부터의 거리두기는 오히려 착취의 영역에 도용될 혐의가 짙다. 중앙권력에 의해서 부가되었던 규율기제들의 '일시적'[1] 정지는, 새로운 형태의 노역과 학대로 단지 교체될 뿐일지도 모른다(604).

카니발적인 전복과 패러디의 반(反)권력적인 속성을 바로크와 연결시킨 건 물론 참신하다. 하지만 카니발은 초역사적인 현상은 아니었으며, 최소한 역사적으로 볼 때에 그것은 권력의 일시적 정지로 숨통을 터주어 권력이 더욱 오래도록 지탱하게끔 하는, 일종의 안전밸브(safety valve)와 같이 기능했던 측면이 존재한다. 카니발적 장치들을 활성화시켰던 그로테스크 사실주의의 핵심원리 중 하나는 격하(debasement)에 있다. 이 때 카니발적 조롱과 유희의 대상이 되는 자들은 주로 대가 센 아내를 둔 남편들이나, 남편을 바가지 긁는 아내들, 혹은 그 밖에 성적인 규범들을 위반한 사람들이었다. 유태인들에 대한 조롱의식 역시 축제성의 한 모퉁이를 차지했다. 카니발은 다층적인 적대를 표출할 수 있는 기제였고, 권력자들은 그 축제성을 적당히 이용하곤 했었다. 카니발적인 것이 '근대로부터의 변이'를 이해하게끔 하는 매력적인 토포스(topos)임은 부정하지 않겠으나, 우리가 미래를 설계함에 있어 그러한 노스탤지어적인 파토스(pathos)가 과연 필요하겠는가?(604)

1) 일상적인 삶, 즉 비카니발적인 삶의 구조와 질서를 결정짓는 모든 법률과 금기, 제약, 계급구조 및 모든 형태의 엄숙함과 권위와 경건함과 예의는, 카니발이 진행되는, 단지 그 기간동안에만 '일시적'으로 정지된다는 점에서 그렇게 말한 듯하다.

카니발적인 것에서의 주된 미학적 관념이자 바로크의 핵심적 기표 중 하나이기도 한 것이 '그로테스크한 몸'[2]이었다. 고전적인(classical) 몸에 사회학적으로 대항하는 상징으로서 말이다. 신체의 아랫도리(배꼽, 다리, 발, 엉덩이, 생식기)가 신체 윗부분(머리, 정신) 등에 대해 우선적으로 배열되고, 신체에 돌출되어 있거나 구멍난 부위(코, 입, 젖가슴, 성기, 항문)가 중요하게 취급되는 그로테스크한 몸이 '여성적인 것'을 상징화했음은 분명하다. 이는 젠더화된 분류체계를 코드화했고, 후에는 인종적인 그것으로까지 확장되었다(605).

Ⅱ-3 그로테스크한 '몸'의 상징화는 역사적으로 남쪽의 상징화 과정과도 맞물려 있다. 그런데 대체 누구의 관점에서 남쪽이 '남반부'인가? 산토스도 남쪽이 제국의 산물이라는 점을 시인하긴 했지만, 나는 여기서 한 걸음 더 나아가 그것이 새로운 형태의 부르주아 주체성과 상응하는 바로크적 의식의 산물이며, 영토 팽창과 수용(expropriation)의 새로운 국면의 개시이고, 근대적 유럽중심주의의 핵심요소라 본다. '고전적인 몸'의 특질들을 내면화한 북유럽은 그로테스크한 몸의 속성들을 남반부에 아로새겨 넣는다. '빈 땅'에 대한 그러한 포르노지향성(porno-tropic)은 오랜 역사를 지니고 있는데, 멀리는 르네상스까지 거슬러 그 연원을 찾을 수 있기도 하다(605).

---

2) 그로테스크(grotesque)란 개념은 로마시대의 장식품을 가리키는 표현인 '그로테스카'에 어원을 두고 있다. 로마의 황제 티투스의 목욕탕을 발굴하던 중 우연히 발견된 이 장식품에는 식물과 동물, 그리고 인간이 마치 각각 서로 분만한 것처럼 뒤섞여 기괴하게 묘사되어 있다고 한다. 이는 하나의 고정된 형태를 묘사하던 종래의 방법과는 달리 한 형체에서 다른 형체로 옮아가는 불안정한 변화과정을 중요하게 취급하고 있다는 특징을 가진다. 바흐친은 그로테스크성의 가장 핵심적인 원칙으로 '신체성', 즉 '몸'을 손꼽고 있는데, 생성과정에 있는—섹스나 임신 등—신체는 끊임없이 그 자체를 변형시키며 또 다른 신체를 창조해내는 변화과정을 가장 잘 보여주고 있기 때문이다.

처녀지(virgin land)에의 신화는 젠더적이고 인종적이다. 탐사대상이 되는 영토는 변경의 한계지역이고, 북쪽의 관점에서 볼 때 그런 공간에서의 반사회적인 행동은 쉽사리 예측된다. 남쪽 (과거)식민지국가 구성원들의 나태함과 성적 밝힘증, 음탕함, 성적 도착 등은 하류계층, 범죄자, 정신이상자 따위들과 마찬가지로 그들이 '바른 역사' 속에 서식하지 못하고 시대착오적인 공간에 살게 만든다는 주장도, 그러한 관점에서 비롯된 것이다. 그렇다면 우리가 이러한 토포스를 구체화시키고, 새로 부상하는 은유로서 비준하여 정착시켜야 할 필요성이 있는 것일까?(606)

Ⅲ 우리가 이미 접경과 바로크의 감수성을 수용하고 또 지향하고 있다고 한다면, 남쪽의 존재를 인지하고, 남쪽으로 가고, 또 남쪽으로'부터' 배우는 것만으로는 충분치 못하다. 비록 산토스가 결론 즈음해서 세 토포스들이 하나의 무리(constellation)로 취급되어야 한다고 역설하고는 있지만, 그들(토포스들)의 역사적 계보에 의해서 그토록 널따랗게 배열된 내포들로부터 그들을 떼어놓는 데 있어, 그러한 취급이 과연 필요할 것인지, 나는 의문이다. 유감스럽게도, '포스트모던 주체'를 방향짓기 위해 선택된 은유들 중 그 어떤 것도 우리를 근대적 인식소(에피스테메; episteme)의 카테고리들에서 그리 멀리 나아가게 하지 않는다. 권력관계의 그물망은 포스트모던 주체가 단순히 '목격'하고 '인정'해야 할 대상이 아니라, 포스트모던 주체 자신이 어떻게 구성되었는지를 보여주는 것이기도 하다(606).

나는 여기서, 또 한 세트의 다른 은유들을 제시하기보다는 패러다임적 주체상의 전위(displacement)를 제안해 보고자 한다. 주체는 하나의 덩어리로 실체화된 것이 아니라 사회적 실천들 속에서 직물짜기 식으로 구성된다. 여기서는 이에 대해 충분히 논하기는 어렵고, 다만 '무

정체성(nonidentity)의 정치학'과 '우연성에 열려 있는 새로운 윤리학'이 포스트모던한 방식으로 주체성을 이야기함에 있어 그 시발점이 되지 않겠냐고, 수수께끼처럼(enigmatically) 제안할 뿐이다. 그러한 정치학은 특정한 주체를 상정한 채 시작하지 않는다. 주체는 타자와의 조우와 결속관계 속에서 끊임없이 새롭게 만들어져 갈 뿐이다. 그렇다면 여기서 주체를 위기로 몰아 새로운 정체성의 형성을 가능케 하고, 또 그렇게 생성되는 정체성들을 예민하게 감지해내는 사법적 감수성(juridical sensibility)이 요청된다. 이러한 규제형식들은 주체의 전환 기회를 만들어내는 조건들을 보호해 줄 것이다. 유토피아적인가? 어쩌면 그럴지도 모르겠다(607).

◆ 비 평 : 상징적 개념표지에의 반론 ◆

이 글은 산토스(Santos)의 논문 "Three Metaphors for a New Conception of Law: the Frontier, the Baroque, and the South"에 대한 비평문(comment)으로서, Law and Society Review 같은 호에, 산토스 논문에 관한 다른 비평문들과 함께 수록되어 있다.

앞서 살펴보았듯이 산토스는 합리성과 이성에 기초하여 사회규제와 사회해방 사이의 균형점을 이어가는 근대 패러다임은 되돌릴 수 없는 위기를 겪고 있으며, 이를 대체할 만한 탈근대 패러다임의 출현이 불가피하다고 역설한다. 산토스가 여타 포스트모던한 상황 내지 조건들(conditions)을 이야기하는 학자들에 비해 고유한 지점은 근대 패러다임을 대체할 탈근대적 패러다임을 —스스로 주장했듯이— 새로운 장소에서 창안해 내기보다, '같은 장소에서 중심으로부터 주변으로의 급진적인 대체를' 함으로써 발견하려 했다는 점일 것이다. 또한 산토스는 단순히 포스트모던한 사회 상황들을 분석하는 데서 그치지 않고, 포스트모던 합법성(legality)을 형성하는 새로운 법적 주체성을 묘사하기 위한 비유적 개념표지로서, 접경(frontier), 바로크(Baroque), 그리고 남쪽(the South)을 들고 있다.

하지만 '새로운 장소'가 아닌 '같은 장소에서'를 다른 각도에서 보면, 포스트모던의 새로운 언어가 아닌 근대의 언어로 근대를 넘어선 이야기를 담아내려 한다는 비판에 직면할 위험이 있다. 또한 여기서 들고 있는 세 토포스들은 근대를 넘어선 것이라 할 수 있을지, 그리고 긍정적인 의미에서 그러한지는 여전히 의문이다. 이 글에서 지적하려는 것이 바로 그 지점이다. 특히 쿰은 자신의 탈식민주의적 문제의식을 통해, 위의 세 토포스들에 숨겨져 있는 서구중심성이나 폭력성을 날카롭게 지적하고 있다.

우선 쿰은, 일관된 포스트모던 주체를 이야기하는 건 '몸'에 아로새겨진 특수성을 거부하는 것이라 우려한다. 즉 '몸'의 사회학을 초월한다는 의미라 본다. 이는 타자를 그들의 계보와 장소로부터 소외시키는 동일자의 횡포, 즉 억압의 근원이 되기도 한다는 것이다. 그렇기에 '포스트모던 주체'는 자기가 점한 '몸'의 정체성과 사회성을 말해야 한다. 그 안에서 '접경'이나 '바로크', 혹은 '남쪽'이 갖는 의미는 상이할 수 있다.

늘 새로운 지역을 찾아다니며, 새롭게 지도그리기를 하고, 접경지를 집처럼 편히 여기는 노마드(nomad)들은 서구적 근대의 경계를 허문 것으로 이해될 수도 있겠지만, 다른 각도에서는 식민주의적이기도 하다. 접경지를 '비어 있는' 공간이라고 보는 건 개척자의 팽창주의적인 시각이라는 것이다. 바로크의 카니발(carnival) 역시, 역사적으로 볼 때 성적인 규범을 위반한 자들이나 반민중적 소수자(특히 부유한 유태인)들을 조롱하는 집단의식이 발현되는 장이기도 했다. 즉 카니발적인 웃음은 —적어도 역사적으로는— 종종 집단적이고 군중적인 폭력과 학살을 수

반했던 것이다. 더욱이 남쪽(the South)이 지니는 처녀지(virgin land)의 느낌은 강간(당)함의 에로틱한 판타지 속에서 오리엔탈화되고 섹슈얼화된 측면이 있다. 이미 이 같은 이미지가 남쪽에 아로새겨져 있다면, 이러한 토포스를 구체화시키고 탈근대성을 표상하는 은유로서 이야기할 의의가 있을지 의심스럽다고, 쿰은 말한다.

이처럼 산토스나 쿰 모두 탈근대의 문제의식을 지니고 있지만, 쿰은 그것의 실재성과 정치성에 좀더 초점을 맞추어 자신의 고유한 탈식민주의 문제의식을 펼쳐내었다. 탈근대 주체성이란 '여기까지는 근대적이고, 여기서부터 탈근대적'이라 선 그을 수 있는 게 아니라, 타자와의 조우 속에서 언제나 새롭게 생성되는 무엇이다. 쿰은 그 배후에서 작동하는 정치적인 것(the political)의 관계들을 감지하는 사법적 감수성이 법적 권리, 특히 인권보호의 '근대성을 넘어선 포스트모던함'일 거라는 점을 덧붙이고 있다

통치성과 규율 사이에서:
법과 미셸 푸코

▶ Between Governance and Discipline: The Law and Michel Foucault
V. Tadros, International Journal of the Legal Studies 제18권 제1호, 1998

reviewed by | Soyoung Lee

저자 빅터 태드로스(Victor Tadros)는 옥스퍼드 대학에서 학사학위를 받고, 런던 킹스 컬리지에서 박사학위를 취득했다. 연구 관심분야는 형법(형사책임, 형사범죄, 형사재판 등), 법이론, 도덕철학, 사회이론 등 다양하게 뻗어 있다. 에든버러 대학과 애버딘 대학에서 강의해 오다가, 2006년 워릭 대학 법학과 교수로 임용되었다. 단독저서로는 *Criminal Responsibility*(2005)가 있으며, 다수의 저널에 글을 실었다. 현재는 형사재판에 관한 규범이론을 실은 연구서를 Antony Duff, Sandra Marshall, Lindsay Farmer 등과 공동집필하고 있다고 한다. 이 책은 *Truth and Due Process*(2004), *Judgement and Calling to Account*(2006)에 뒤이은 연속 출판물의 세 번째 권으로써, AHRC의 지원을 받는 The Trial on Trial이라는 이름의 학제 간 연구 프로젝트의 일부이다.

I 최근 비판법학의 입장에서 접근하는 몇몇 학자들이 푸코의 법 이해에 대해 회의를 표출한 바 있다. 여기서 나는 거꾸로 그들의 푸코 이해, 특히 권력의 사법적(juridical) 지형의 쇠퇴에 관한 푸코의 주장에 대한 그들의 이해에 의문을 제기한다. 푸코의 법이해에 관해 제기되는 문제의식은 크게 두 가지로 나누어 생각해 볼 수 있다. 하나는 푸코가 사법권력(juridical power)과 규율권력(disciplinary power)을 대척적으로 상정함으로써 근대사회의 법의 속성이 충분히 드러나지 않았다는 문제제기로서, 헌트(Hunt)와 비캄(Wickham)의 저서 『푸코와 법(Foucault and Law)』에서 주장되었고 피츠패트릭(Fitzpatrick) 역시 이에 동조하고 있다. 또 하나는 이보다 좀더 심화된 문제의식인데, 푸코가 근대사회에서 규율권력이 지니는 역할을 부각시킨 데에는 동조할 수 있으나 그로써 규율권력이 사법권력과 맞물려 작용하는 차원이 과소평가되고 있다는 점을 비판한다. 산토스(Santos)가 자신의 저서 "새로운 상식을 향하여(Toward a New Common Sense)"에서 취하고 있는 입장이 바로 그러하다. 내가 보기에 양쪽 모두 사법권력(juridical power)과 법적 권력(legal power)을 동일시하는 우를 범하고 있으며 그렇기에 푸코의 작업이 근대법에서 갖는 위상을 간과하고 있는 듯하다(75).

헌트와 비캄, 그리고 산토스 모두 푸코의 작업들에서 '어떠한 언명(statement) 혹은 언명체계가 법으로 간주될 수 있을 만한 최소조건이 무엇인가'라는 질문에 대한 답을 구하려 한다. 이런 질문에 초점을 맞춘다면 푸코식 접근방법의 고유함과 그러한 접근이 갖는 진취성이 사라지기 마련이다. 푸코의 계보학적 방법은 상이한 시기들마다 권력관계가 갖는 정치구조를 분석하고 그럼으로써 역사적 변화가 진전되는 속에서 특이성(paticularity)을 이끌어내는 것이다. 이러한 선상에서 볼 때 법의 작동방식들이 무엇을 공통적으로 갖고 있는지가 아닌, 그들 간의 '차이'에 집중하는 것이 푸코적 접근방식을 특징짓는 보다 중요한 요인이다. 위의 학자들은 사법적인 것(juridical)을 법(law) 그 자체의 동의어로서 이해하고 있지만, 푸코의 작업을 좀더 면밀히 연구해본다면 푸코의 사법 개념은 오스틴식의 권력관계 개념에 가깝다는 점을 짚어낼 수 있을 것이다(76).

그렇다면 사법적인 것(juridical)이란 용어를 다른 함의로 해석함으로써 얻는 실익은 무엇인가? 푸코에 있어서 권력관계에 관한 사법 관념은 더 이상 근대사회에서 권력이 지배적으로 작동하는 방식을 효과적으로 묘사해주지 못한다. 만일 법이 반드시 사법 형태로 작동하는 것이 아니고 사법 역시 늘상 법을 통해 자신을 표출하지는 않는다면, 권력관계에 관한 사법 관념과 법 사이의 관계설정이 새로이 필요할 것이다. 그리고 무엇보다도 사법 이외의 다른 권력 메커니즘들(여기선 규율과 국가)과 법 사이의 관계맺음에 대한 인식이 새롭게 생겨날 것이다(77).

한편 보다 일반적인 차원에서 법에 관한 푸코의 분석은 자유주의적 법이해의 몇몇 약점들을 드러내 보인다. 사회적 혹은 국가적(공적인) 권력에 의한 지배를 반대하고 '자유로운 공간'을 선호하는, 권력에 대한 자유주의적 이해는 권력의 다층적인 작용의 배후를 감안할 때 부적합하다는 점을, 푸코의 작업은 보여주고 있다. 자유주의적 이론에서 근본적인 질문은 행위의 영역에서 법이 '무엇을 허용하고 또 무엇을 금지하는가?'이다. 하지만 푸코의 권력관계 이론은 법이 근대사회에서 개인의 삶을 '구성'하는 측면을 내다본다. 권력은 단순히 방어적인 것이 아니라 창조적이기도 한 것이다. 푸코 식으로 말하자면, '빼기'의 차원만이 아닌 '더하기'의 차원도 갖는다고 할 수 있다. 법은, 푸코가 '생체권력(bio-power)'이라 불렀던 그것에 의해 작동한다고 말할 수 있다.

여기서 생체권력의 양극은 규율과 통치이다. 규율은 특수한 개인들을 대상으로 특정한 장소에서, 예컨대 학교나 가정, 직장, 병원, 종교집단, 사회단체 등에서 행사된다. 다른 한편 통치는 특정한 개인들의 그룹들 안에서 행하여진다. 통계분석, 인구조사, 재정보고 등으로 정보화된 통치권력의 적용대상은 인구이며, 지식형태는 정치경제학이다. 이 같은 생체권력 양극의 형성 및 작동방식에 대해 이해한 후에 우리는 비로소 근대법의 역할에 대해 논의할 수 있는 위치에 서게 된다(78).

Ⅱ

『푸코와 법』의 저자들은, 푸코의 법이해가 근대사회에서 법이 수행하는 다양한 역할들에 대해 무지하다는 점을 비판한다. 우선 푸코는 법을 단순히 '권력에 의해 뒷받침되는 규칙들'로 보았고, 법과 주권 역시 동일시했다는 것이다. 하지만 앞에서 말했듯이 이는 법 개념의 혼선에서 오는 오해이다. 다른 권력표상들과 법의 관계에 관한 논의 일체는 아마도 푸코적인 법이해가 제시해줄 수 있는 주된 이론적 강점일진대, 사법적인 것(juridical)을 법(law)과 동일시하여 이해해버리면 그것이 모호해지는 것이다(79).

사법적인 것은 정확히 무엇을 의미하는가? 푸코는 이 개념을 권력에 대한 담론적 이해를 묘사하는 데 사용하기도 하고 권력의 특정한 네트워크, 즉 일정한 형태로 서로 연관맺는 권력관계를 묘사하는 데에 쓰기도 하는 듯하다. 한편 혹자는 그것을 군주제권력이 스스로를 구성할 수 있기 위한 '코드'로서, 단지 권력이 스스로를 명확히 드러낼 수 있는 담론이라고만 이해하고 있기도 한데, 이는 잘못된 이해이다. 이후 『성의 역사』에서 푸코가 밝히고 있듯이, 사법적 체계는 단지 담론(discourse)이기만 한 것이 아니라 무장되어(armed) 있어야 한다. 물론 우리는 여기서 푸코의 함의를 명확히 이해해야 하는데, 무장되어 있다는 것이 곧 근대적 의미에서 스스로를 명확히 드러내는 '법'을 의미하는 것이 아님은 분명하다. 더구나 푸코적 이해에서 근대법의 형식은 사법적인 것이지 않다. 푸코는 사법적인 법과 실제 근대법 자체를 대조한다(81).

이는 "권력-지식에 관한 두 강연(Two Lectures on Power-Knowledge)"에서 조금 더 명확히 드러난다. 두 번째 강연에서 푸코는 규율권력의 작동과 그것에 (합법성의) 가면을 덧씌워주는 사법적 코드 사이의 괴리를 이야기한다. 그는 규율권력이 근대사회에서의 실제적인 권력 작동과는 아주 미미한 상관관계만을 지닌 채 스스로를 기술해오고 있다는 점을 상기하였다. 다분히 사법적인 냄새를 풍기고 있는 권력이 실제 그 작동방식은 규율권력인 경우도 그러하다. 하지만 동시에 푸코는 사법적 코드가, 본래 우리가 네트워크 내지 매트릭스라고 부를 수 있는, 권력의 특수한 배열과 함께 유기적으로 구성된다고도 이야기한다. 이는 권력 그 자체가 사법적 배치에 따라 기술된다는 의미가 아니라, 다만 개별적인 권력관계들이 한때 하나의 네트워크로 연결되기도 했음을 의미하는 것이다(82).

법에 관한 푸코의 이 같은 복잡한 사고를 이해하기 위해서는 위의 논의들을 세 가지로 구분지어 정리해 볼 필요가 있다. 첫째가 법 자체(이는 다양한 형태를 취할 수 있다)라면, 둘째로는 권력관계의 네트워크(경우에 따라 사법적이기도 하고 규율적이기도 하다)가 있고, 셋째로 권력이 스스로를 드러내는 코드(푸코에게 이것은 시종일관 사법적인 것이었다)가 있을 수 있다(83).

III

근대적 권력장치에 대한 푸코의 분석을 이같이 이해한 후에도 법학자에게 여전히 남는 문제의식은 그의 이론에서 법의 정당화 과정이 현실 속에서 법이 실제로 어떻게 작동하는지와는 사뭇 거리가 있어 보인다는 데에 있다. (실제) 법이 갖고 있던 고전적인 사법적 요소들은 보다 근대적인 권력기술인 통제와 규율에 포획되었고, 법이 보호하기로 했었던 자유로운 영역은 다른 권력기술들에 의해 채워 넣어졌다. 법은 오늘날 일정한 유해행위와 위반을 예방하기 위해 적용되는 차원보다 시민들의 관계를 보다 효율적으로 배치하기 위한 차원이 더 커지고 있다. (그렇지만) 그건 변화이고, 현실이다(98).

그렇기에 법이 통제의 전략으로써 이해되거나 의료·행정체계 등과 점차 혼합되어질 것으로 점치는 푸코의 분석은 수긍이 간다. 다시금 법의 역할에 대해 본고에서 제안하고 싶은 것은 푸코가 『성의 역사(Histoire de la Sexualité)』에서 던졌던 물음으로 대신해볼 수 있다; "왜 권력의 이러한 법적 이해방식, 다시 말해 권력에 생산적 효율, 전략적 풍요로움, 확실성을 가져다 줄 만한 도든 것의 배제는 쉽게 이루어질까?" 우리처럼 각종 권력장치가 이토록 많고 권력의 관계가 이만큼이나 가시화된 사회에서도, 권력이 금기의 부정적이고 황량한 형태로만 인식되는 것이 현실이다. 여기에 대해 푸코가 제공해주는 답 역시 매우 간단한데, "자유를 제한하는 순간 순수한 한계로서의 권력은 적어도 우리 사회에서는 받아들여질 수 없다"는 것이 그것이다(99).

IV 앞서 살펴보았듯이 푸코가 생체권력이라 지칭하였던 규율과 통제가 법의 전멸을 가져오는 건 아니다. 다만 그 작동방식에 있어 부분적인 변화를 겪을 것으로 보인다. 여기서 푸코 비판자들은 당장 푸코의 법 개념이 오스틴식의 '규칙 + 벌칙' 수준을 벗어나지 못하였다고 비판을 가한다. 푸코가 형법에 집중하는 경향이 다소 강한 것은 분명 사실이나, 오늘날에는 형법마저도 개인들의 삶 전체에 대해 반응을 보이고 응답해야 한다. 푸코는 그의 논문 「위험한 개인들(The Dangerous Individual)」에서 형법에서조차 행위가 아닌 삶이 형사법이 대응하는 상대임을 이야기하고 있다. 푸코에게 있어 중요한 물음은 '무엇이 법인가, 혹은 무엇이 새롭나'보다는 '법이 어떻게 작동하는가'이다. 법은 구조나 패브릭 같은 기능을 하기보다는 근대 사회체계를 기름칠하는 역할을 한다고 볼 수 있을 것이다.

◆ 비 평 : 푸코의 권력이론과 법 ◆

본고는 근대법이 작동하는 방식에 대한 이해에 있어 푸코의 작업이 가지는 의의를 재정립하는 데에 초점을 맞추고 있다. 여기서 이는 두 차원에서 이야기된다. 첫째, 푸코의 작업들에서 '사법적(juridical)'이라는 단어를 '법(law)'과 동의어로 봄으로써 일부 학자들이 푸코의 논점을 제대로 파악하지 못하고 있다는 점이다. 푸코에게서 '사법적(juridical)'이라는 용어는 법을 의미한다기보다는 권력의 배열과 표상을 지칭한다고 봄이 옳다. 둘째는 푸코의 권력관계 계보학이 법이론가의 관점에서 재구성된다는 점이다. 근대법은 전통적인 사법을 넘어서, 푸코적 의미에서의 통치와 규율 사이에서 작동한다. 그런 점에서 법이 단지 특정한 행위들을 제한하는 것이 아니라 개개인의 삶에 통째로 작동하기 시작했다는 점이 보다 분명해진다는 것이다.

이 글은 푸코에 대한 법학자들의 심드렁함에 문제제기하며 특히 사법적인 것(juridical)과 법(law)을 구분지어 사고해야 함을 주장하는 논문이다. 특히 헌트(Hunt)와 비캄(Wickham)의 『Foucault And Law(Pluto Press, 1994)』에 대해 반박하면서 논의를 시작하고 있다. 그렇기에 이 논문을 이해하기 위해서는 이들이 반박하고자 했던 상대방이 지닌 논지, 즉 "푸코가 사법권력(juridical power)을 규율권력(disciplinary power)과 동일시함으로써 근대법이 권력의지와의 관계에서 갖는 중요성을 축소시켰다"는 논지를 좀더 자세히 알고 넘어갈 필요가 있다. 요약하자면 이렇다: "푸코는 법과 전근대적 형태의 권력을 동근원적으로 보는 오류를 범하고 있다. 주권을 부여하고 위반자의 신체에 가해지는 처벌에 의해 보호되는 법이란, 형법의 처벌적 형태와 다를 바 없다. 그의 대표저서 『감시와 처벌』 서두에 등장하는, 이제는 꽤나 유명해진 다미엥 공개 처형의 끔찍함은 마치 고전주의 시대의 법은 이러한 끔찍한 형벌 외에는 갖고 있지 않았을 것처럼 인식하게 한다. 푸코는 당시에 일어났던 생활세계의 다양한 법적 문제들의 정교화와 체계화를 감안하는 데에 완전히 실패한 것으로 보인다. 이는 계보학적으로 법의 기능을 형벌부과의 초기적인 그것으로만 축소해석하게 할 우려가 있다."

이에 대해 반박하는 태드로스의 주장은 스피노자에서 니체로 이어지는 권력의지 내지 역능(puissance)을 푸코가 어떤 방식으로 계승했는가에 관한 '다른' 견해를 통해 근거지어진다고도 볼 수 있다. "권력은 아래로부터 나오고, 개인의 신체 및 삶 안에 각인되어 있다. 또 금지나 부정의 형태보다 긍정적인 형태로 행사되며, 억압적이지 않고 차라리 생산적이다"라는 것이 푸코의 주장이다. 그리고 이러한 창조적이고 생산적인 권력은 법적·사회적 금기의 '요란한' 형태를 띠지는 않는다는 것이다. 권력은 '단지 개개인을 특정한 형태의 주체로 생산해내는' 생체권력(bio-power)의 모습으로 자신을 드러낸다. 이 생체권력은 생성적 차원을 갖는데, 바로 그 부분에서 푸코가 니체의 이론을 계승했음을 알 수 있다.

니체가 말한 권력의지(will to power)는 긍정적인 권력의지와 부정적인 권력의지로 나뉜다. 강자는 능동적(active)이고 약자는 반동적(reactive)이다. 그럼 어떻게 능동적 힘이 반동적 힘을 이기는가? 반동적 힘들이 모여 능동적 힘보다 더 큰 힘을 형성해서 능동적 힘을 억누르는 것이 아니라, 능동적 힘을 자신에게 가담시킴으로써 (일종의 용수철 원리로) 그걸 상쇄시키는 방향으로 작동하기 때문이라고, 니체는 설명한다. 이로써 강자를 더 강자일 수 없게 한다는 것이다. 강자가 예외자가 되는 걸 멈추게 함으로써, 약자는 승리한다. 약자의 승리는 바로 그런 면에서 변증법적이라 할 수 있다.

변증법은 능동적 힘의 생성능력을 끊임없이 박탈하면서 반동적으로 전환시키는 운동의 논리이다. 변증법은 생성이 만들어내는 수많은 차이들을 봉합하기 위해 작동한다. 바로 그렇기에 변증법은 법과 제도를 좋아한다. 법이란, 깨지고 새로 만들어질 때에도 틀 안에 집어넣기 위해서라 할 수 있다. 즉 차이를 봉합하고 기존의 것을 끼워 넣으려는 반복적 운동이라는 것이다. 기존의 많은 푸코전문가들이 이러한 반복적 운동이 금기와 규율의 형태로 작동하는 데 집중했다면, 작가는 거기서 한 단계 더 나아가 현대사회의 법은 형법과 같은 부정적(－의) 권력의지로만 작동하는 것이 아니라, 생성적(＋의) 권력의지로까지도 이어진다고 보고 있다. 법이 오늘날 일정한 유해행위와 위반을 예방하기 위해 적용되는 차원보다 시민들의 관계를 보다 효율적으로 배치하기 위해 적용되는 차원이 더 커지는 현실을 감안했을 때 더욱 그러하다.

확실성의 매듭이 끌러지다:
법인류학의 격동 50년

▶ Certainties Undone: Fifty Turbulent Years of Legal Anthropology, 1949-1999
S. F. Moore, The Journal of the Royal Anthropological Institute 제7권 제1호, 2001

reviewed by | Cheayun Jung

저자 샐리 무어(Sally Falk Moore)는 법인류학자이며, 하버드 대학의 명예교수이다. 탄자니아에서 현지조사를 수행했으며, 통문화적이고 비교법적인 이론에 대한 광대한 작품들을 남겼다. 그녀는 본래 변호사로 활동하였으며, 뉘른베르크의 국제군사재판에서 변호를 맡기도 했다. 그 후 콜럼비아 대학에서 인류학 박사학위를 받은 후, 1981년부터 하버드 대학의 교수직을 역임하였다. 작품의 주된 과제는, 외관적으로 단순하며 심지어 문자조차 없는 사회에서도 법(과 관습)의 다원성이 존재하며, 이들 간의 상호작용 속에서 법이 실제로 어떻게 기능하는지를 밝히는 것이었다. 그녀는 이러한 생각에 기초하여 탄자니아와 잉카 문화에 대한 현장연구를 수행하였으며, 또한 미국 실리콘밸리에서 헌법과 경영법이 갖는 다양한 맥락에 대해서도 연구하였다. 최근의 작품으로는 *Law and Anthropology* (2005), *The Silicon Empire: Law, Culture And Commerce* (2005) 등이 있다. 특히 그녀는 여성으로서는 두 번째로 런던의 로열인류학협회가 인정한 Huxley Memorial Medalist and Lecturer로 선정되기도 했다.

Ⅰ 문화로서의 법 법을 문화로서 바라보는 법인류학의 입장에서, 문화는 모든 것을 뜻한다. 영속성 있는 관습, 사상, 가치관, 습관과 관행을 포함하는 총체적인 문화의 특정한 영역으로서 법이 위치한다고 본다. 그리하여 내적인 체계적 연관을 띠게 된다. 베버의 '전통적 권위(traditional authority)'나 하버마스의 '법과 사회'에 대한 이해에서도 '문화로서의 법'에 대한 강조점을 읽을 수 있다(96).

Ⅱ 지배로서의 법 법이 엘리트 계급의 이익을 대변한다는 인식도 법인류학에서 전통적으로 법을 바라보는 인식에 속한다. 겉으로는 일반적인 공적 이익을 추구하는 것 같아 보이지만, 그 실체는 자본주의를 지탱하는 기반이 되고 있다는 것이다. 이러한 주장은 다분히 맑스주의의 색채를 띤다. 부르디외(Bourdieu)나 비판법학운동(Critical Legal Studies Movement)도 이러한 입장에 가깝다고 볼 수 있다. 이에 대한 법인류학적 접근으로서, 신더(Synder)는 세네갈의 '관습법'을 식민지배의 잔재로 평가하고 있다(96).

Ⅲ 문제해결기제로서의 법 문제해결역할을 수행하는 법에 대한 연구는 법인류학이 가장 오랫동안 지속적으로 수행해왔던 영역이다(97). 법적 분쟁해결에 대한 민속지적(ethnographic)[1] 작업의 예로

---

1) 우리나라의 인류학계에서는 일반적으로 ethnography를 민족지(民族誌)라고 번역해왔으나, 민속방법론은 ethnomethodology라고 하는 것에 비추어보아, ethnography도 민속지라고 번역하는 것이 어떨까 생각한다. 이를 민속지역학이라고 하자는 견해도 있으나, "graph"라는 표현이 지역을 의미하는 것이 아니라 현장연구를 하면서 각 민속의 환경, 풍습 등을 기술(記述)하는 것에 초점이

걸리버(Gulliver)의 현장연구(fieldwork)를 들 수 있다. 그는 Tanganyika의 원주민 법원(Native Courts)에서는 공식적 분쟁해결절차보다는 비형식적, 비공식적 체계를 통한 분쟁조정절차를 통해 문제를 해결하고 있다고 밝혔다(101). 또한 코마로프(Comaroff)와 로버츠(Roberts)는 Tswana의 분쟁해결이 '문화적으로 다루어지고 규범적으로 암호화된 것'이라고 판단하였다. 이러한 연구를 통해 이들은 분명하게 '법적'으로 다루어지는 규범이 지배하는 영역과, 당사자의 이해관계에 좀더 초점을 맞춘 '정치적'인 영역이 구분되고 있음을 주장하였다(102). 이들의 연구는 또한 분쟁조정절차의 결과에 도달하는 데에 있어 법적 대화가 어떻게 이루어지고 있으며, 기존 사회권력이 어떻게 영향을 주었는지에 대해서도 관심을 기울이고 있다. 즉 권력이 법적분쟁의 결과를 결정하고, 어떠한 규범이 적용될지를 정하고, 이데올로기를 창출하고 있으며, 이러한 것을 문화인류학적 접근방식을 통해 밝혀낼 수 있다는 것이다.

이러한 연구는 1970년대의 대체적 분쟁해결(Alternative Dispute Resolution: ADR)절차에 대한 관심으로 이어졌다. 이는 법적 분쟁해결을 지배계층이 독점하도록 하지 않고, 사회의 모든 다양한 구성원들에게 개방적으로 접근 가능하도록 하기 위한 노력이라고 네이더(Nader)는 평가하고 있다. 또한 대체적 분쟁해결과 같은 분쟁해결방식에 대한 민속지적 분석으로 멕시코의 Zapotec 마을에 대한 1950년부터의 연구성과를 들고 있다(103). 그녀는 Zapotec이 자율적인 분쟁해결모델을 보여주고 있다고 평가하면서 이러한 민속지적 연구성과가 다른 서구의 분쟁해결절차의 부족함을 메우기 위한 좋은 사례가 될 것이라고 주장하였다(104).

맞춰진 것이므로 바람직하지 않다고 본다.

Ⅳ 법관의 합리적 이유에 대한 글루크만의 현장연구 글루크만의 아프리카에 대한 법인류학적 연구는, 식민지배 이전(곧 식민 통치, 노예 이주, 기독교 전파, 경제구조의 변화가 있기 전)의 '진정한' 아프리카를 규명해보려는 시도에서 시작되었다(97).

글루크만은 먼저 식민통치로 인해 기존의 아프리카 토착법이 상당히 변화하였음을 밝혀낸 후, 아프리카의 재판관이 판단을 내리는 과정을 문화인류학적 방법으로 관찰하였다. 그는 아프리카의 재판관들이 사법적 증명을 수행하는 데 있어, 모든 법에서 발견될 수 있는 합리적이고 논리적인 원칙에 근거하고 있으며, 이는 결국 법 영역에 있어 소위 보편성을 도출해낼 수 있음을 의미한다고 주장하였다. 곧 글루크만은 아프리카의 토착적 법체계와 관습이 서구의 것과 별반 다르지 않은 합리적 체계를 갖추고 있다고 주장하였다. 사회적 환경의 차이에도 불구하고, 논증의 논리적 체계라든지 과정이 같다는 것이다. 이러한 보편성 주장은 아프리카가 유럽에 비해 지적으로 열등하지 않다는, 인종평등의 논거가 되기도 했다(98).

Ⅴ 독특한 문화적 배경을 갖는 기본적 표현으로서의 법 위와 같은 글루크만의 견해에 대하여 보해넌(Bohannan)과 거츠(Geertz)와 같은 이들의 비판이 이어졌다. 먼저 보해넌은 법은 문화의 독특한 성격을 반영하고 있다는 것을 글루크만이 간과하고 있다고 주장하였다. 다른 사회의 법적 개념을 다른 언어로 옮겨와 설명하는 것 자체가 왜곡을 수반한다고 하면서 위와 같은 보편성에 대해 의문을 제기한다.

한편 거츠는 주된 문화적 전통(이슬람, 인도, 말레이시아)을 분석하여, 이들이 각각 다른 법적 감수성을 지니고 있다고 판단하였다. 특히 그는 '사실과 법(fact and law)'에 대한 각각의 이해에 기반하여 연구를 전개했다. 그는 법인류학에서의 이러한 비교법적 연구가 문화적 다원성을 조명하는 데 크게 기여할 것이라고 주장했다. 그리고 이러한 문화적 다양성을 밝혀내는 작업이야 말로 법인류학이 수행해야 할 주된 역할이라고 하였다. 글루크만에 대한 이러한 비판적인 작업은 다문화주의(multiculturalism)의 형성에 큰 영향을 주었다(99).

각 문화의 독자성에 바탕을 둔 연구는 예컨대 법관의 자유재량에 대한 각 문화의 다른 이해에 대하여도 진행되었다. 모로코의 이슬람 지역과 불교적 전통이 강한 티벳을 비교분석한 로젠(Rosen)의 연구가 대표적이다. 이들 지역은 자유재량적 판단(discretionary judgement)이나 개별 사안적 해결(case-by-case)을 접근하는 데 있어 종교문화에 따라 상이한 이해를 갖고 있다. 이러한 문화적 연구는 서구의 근대성, 법적 합리성에 대한 의문을 제기한다(100).

Ⅵ 소송당사자의 이익과 전략을 대변하는 법 1960년대와 1970년대의 정치적 변혁기를 거치면서 시민권운동이 널리 확산되었고 이러한 흐름은 법인류학의 주된 쟁점에 있어서도 변화를 가져왔다. 예컨대 여성의 권익향상을 위한 각계의 흐름이 사회의 의식을 어떻게 형성시켰으며, 성적 행동을 어떻게 바꿔놓았는지, 그것이 도덕과 젠더(gender) 관련 법제를 어떻게 변화시켰는지에 대한 논의가 활발하게 이루어진 것이다. 이 시대의 법은 개인이 자신의 이익을 대변하고 주장하고 관철시키기 위한 수단으로서 폭넓게 받아들여지게 되었다고 법인류학자들은 설명한다. 이에 대한 민속지적 연구성과로는 콜리어(Collier)의 (멕시코의 지배를 받은 Maya 혈족의) Zinacanteco 종족에 대한 연구를 들 수 있다(102).

Ⅶ 법다원주의 법인류학에서 법다원주의(Legal pluralism)는 주체의 다원주의를 중심으로 이해되고 있는 듯하다. 곧 국가만이 규범의 유일한 배경이 아니며, 규범이 생산되고 통제되는 다양한 사회적 기제

들이 존재한다는 점을 법다원주의의 핵심에 두고 있으며, 이것이 민주주의의 불가결한 필수요소라고 보고 있는 것이다(95). 이러한 이해는 국가를 하나의 단일한 총체로서 이해하는 것이 아니라, 분리·분해하여 이해하는 것에 바탕을 두고 있다.

법다원주의는 법의 중앙집권화(legal centralism)에 대한 반격으로 그리피스(Griffiths)가 행한 연구에서 잘 나타난다. 그는 정부·비정부·자율적 사회영역을 넘어서 모든 규범과 관행은 일종의 콜라쥬(collage)와 같다고 설명하고 있다. 곧 상이한 출처와 다양한 배경을 갖는 사회적 기제들이 모여 하나의 작품을 구성해내는 것으로 법다원주의를 이해하고 있는 것이다(106). 세계화가 급속하게 전개되면서 법다원주의는 큰 의의를 지니게 되었다. 특히 인권영역에서 남아프리카의 인권에 대해 연구한 법인류학자 윌슨(Wilson)은 정의, 법적 절차와 법의 역할수행, 사회적 기제의 배경 및 출처가 다양하고 각자 상이할 수 있으며 이것들이 공적 영역에서 동시에 충돌하는 상황을 조화롭게 해결하는 것이 법다원주의에 입각한 법인류학의 역할이라고 보고 있다(107). 그는 사회적 맥락의 다양함 속에서 규범적 대화에 바탕을 둔 권리가 어떻게 생산되고 해석되며 체현되는지를 밝히고자 하였다. 이러한 이해에 바탕을 두고 있는 그의 연구는 '인권의 세계화와 지역화 사이에서의 긴장'에 초점을 맞추고 있다(108).

Ⅷ 1980년대와 1990년대의 법인류학적 쟁점 사회주의 이후(post-socialist), 냉전 후(post-Cold War), 인종차별정책 후(post-apartheid)로 대변되는 1980년대와 1990년대에는 그 어느 때보다 정치적인 영역에 법인류학의 관심이 집중되었다. 이 시기의 법인류학적 연구를 소개한다면 쿰(Coombe)의 상표법에 대한 분석을 들 수 있다. 그녀는 코카콜라(Coca Cola)의 상표나 마릴린 먼로와 같은 유명인의 이미지에 대한

분석을 통해 현대의 지적재산권에 대한 문화적 접근을 시도하고 있다. 대중문화의 본질이 도처에 존재하는 수많은 상징들을 습득하고 자신의 것으로 소화하여 다시 암호화하고 상징화하는 것임에도, 그러한 상징을 독점적으로 소유하고 지배하는 것에 대해 의문을 제기한다. 예컨대 맥도날드의 상징인 황금 아치(Golden Arches)를 민주적인 담론 속에 용해할 수 있다는 것이다(108). 또 다른 예로, 베를린 장벽이 무너진 후의 동독과 서독에 대한 연구를 진행한 보언만(Borneman)을 들 수 있다. 그는 통일 후의 동독 사람들의 인식변화와 사회통제기제를 분석하면서, 진정한 민주주의 법질서의 의미에 대하여 분석하였다. 위와 같은 일련의 분석들은 기존의 좁은 의미의 법인류학 영역과는 상당히 다른 면모를 보여준다. 이는 특히 초국가적으로 경제, 정치 영역이 성장함에 기인하는 것이라고 보여진다(109).

Ⅸ 법인류학적 과제는 비서구사회의 전통적 법적 관습에 담겨진 합리성 발견(1)에서 분쟁을 조정하는 기제로서의 법에 대한 연구(2)로, 또 문화적·역사적 배경의 산물로서 법을 분석하는 것(3)으로 발전해 왔다. 또한 제국주의적 식민지배가 끝나는 시점에서는 권력이 법에 미치는 영향력에 대한 인류학적 분석(4)이 주목을 받았으며, 법다원주의(5)는 지금까지도 주된 연구대상이 되고 있다. 특히 최근에는 지적재산권이나 인권과 같은 영역(6)에 있어서도 법인류학적 연구가 이루어지고 있다. 이렇듯 지난 50년 동안 시대의 흐름 속에서 법인류학의 연구성과나 주된 소재들은 굉장히 풍성해졌고, 이러한 결과는 그 어떤 학문 분과보다 사회의 변화에 민감한 인류학의 특성이 아닐까 하는 생각이 든다. 법인류학은 굉장히 세분화된 소규모의 현장연구에서 광범위한 영역의 소재까지 다루고 있음을 알 수 있다(111).

◆ 비 평 : 법에서의 불확정성 – 법인류학적 연구 – ◆

주로 비서구사회의 법을 소개하는 차원에서 시작하여, 인류학 분야의 부수 영역으로 여겨졌던 법인류학이 지역적, 국가적 차원을 넘어 초국가적인 문제에 이르기까지 광범위한 영역을 다루게 되었고 그만큼 위상이 높아지게 되었다. 이에 따라 소규모 공동체를 주되게 다루었던 초기의 법인류학적 접근을 넘어 보다 발전된 방법론의 마련이 필요하게 되었다. 이 글은 1949년부터 1999년까지 50년간 법인류학이 관심을 가져왔던 여러 쟁점들을 소개하고 있다.

이 논문에서 다룬 법인류학 연구의 흐름은 다섯 가지 지평으로 나누어 정리해볼 수 있다. 첫 번째 지평은 문제해결기제로서의 법을 밝혀낸 걸리버, 코마로프, 로버츠, 네이더의 연구를 예로 들 수 있다. 이러한 일련의 연구들은 비서구의 법체계가 미개하다는 인식의 틀을 깨는 데 중요한 공헌을 한 것으로 평가할 수 있다. 이는 가장 초기의 인류학적 연구성과로서 비서구 사회에도 나름의 법적 장치가 존재했으며, 그런 사회를 야만적이라고 볼 수 없는 맥락이 존재함을 밝혀내는 과정이다.

두 번째 지평은 글루크만의 보편성 주장으로 대표되는 베버적 합리성의 발견이다. 그가 주장한 바와 같이 비서구 사회에서도 서구 사회에서 발견할 수 있는 합리성이 있다는 점을 밝혀냄을 통해, 합리성이 서구에 의해 독점될 수 없다는 인식을 가져온다.

세 번째 지평은 글루크만에 대한 보해넌과 거츠의 비판과 같이 독특한 문화적 배경을 반영하는 법에 대한 연구, 곧 다문화주의적 법이해이다. 이는 두 번째 지평에서 더 나아가 다문화주의를 통해 서구가 미처 인식하지 못한 또 다른 독자적 합리성이 있음을 밝혀내는 작업이다.

네 번째 지평은 법다원주의로, 법의 중앙집권화에 대한 그리피스의 반론에서 잘 나타난다. 법다원주의는 특히 법인류학으로부터 성장한 고유의 패러다임이라고 평가할 수 있다. 인류학적 통찰을 기본 바탕에 둔 법다원주의를 통해 문화적 상호성의 틀을 마련할 수 있다. 시민사회 공론을 통해 초국가적 단계에서 민주적으로 제도와 규범을 형성한다는 이러한 구상은 시민사회법의 가능성에 대한 기대를 품게 한다. 특히 인권에 대한 법다원주의적 해석을 시도한 윌슨의 연구에서도 볼 수 있듯이 법인류학의 법다원주의적 인식은 모더니즘의 반성적 성찰을 이끌어내며 서구와 비서구의 갈등을 해소할 수 있는 밑바탕이 될 수 있다.

마지막으로 다섯 번째 지평은 1980년대와 1990년대의 법인류학적 연구에서 나타나는 법인류학적 미시권력학이다. 쿰의 상표법과 같은 일련의 분석들은 기존 좁은 의미의 법인류학 영역과는 상당히 다른 면모를 보여준다. 이 마지막 지평은 앞서 언급한 네 가지 단계를 거쳐도 잔재하는 미시권력을 해체하는 포스트모던적 과정이라고 볼 수 있겠다.

화자의 관점

▶ The Standpoint of Storyteller

A. Frank, Qualitative Health Research 제10권 제3호, 2000

reviewed by | Yoonyoung Min

저자 아서 프랭크(Arthur Frank)는 1975년부터 현재까지 캘거리 대학의 사회학과 교수로 재직하고 있다. 프린스턴 대학에서 영문학 학사학위를 받고, 펜실베이니아 대학에서 커뮤니케이션학으로 석사학위를 받았다. 예일 대학에서 사회학으로 박사학위를 취득했다. 내러티브 분석에 관한 워크숍을 캐나다, 한국, 남아프리카, 영국, 호주에서 열은 바 있으며, Body & Society, Families, Systems & Health, Qualitative Health Research 등, 다수 저널의 편집위원으로 활동하면서 다양한 학문적 연구과 실천을 하고 있다. 연구의 주관심분야는 아픔의 경험, 보건의료, 생명윤리, 내러티브 연구, 몸의 사회학, 사회학 이론 등이다. *The Wounded Storyteller: Body, Illness, and Ethics*(1997), *At the Will of the Body: Reflections on Illness*(2002) 등은 그의 대표적인 저서들이며, 최근에는 *The Renewal of Generosity: Illness, Medicine, and how to live*(2005)를 출간했다.

I 앳킨슨(Atkinson)은 치료적이고 해방적이며 윤리에 몰두해 있는 아픔의 내러티브(illness narrative)에 대한 관심이 가망 없는 것이라고 비판한다. 이 글은 그의 비판에 대한 반응으로써 아픔의 내러티브에 대한 관심의 적절함을 설명할 것이며, 자신의 관점(standpoint)을 인식하는 것의 중요성이 강조될 것이다. 결론에서는 질적 방법이 병, 건강, 의료, 그리고 문화의 관계의 변화에 어떻게 관여하는지를 논의할 것이다(354).

첫째, 비록 내가 종종 이야기(story)와 내러티브(narrative)를 호환적으로 사용하지만, 사람들은 내러티브를 말하지 않는다. 그들은 이야기를 말한다. 내러티브 분석은 화자(storyteller)가 인식하지는 못하면서도 의지하고 있는 구조를 찾아낸다. 이 구조들은 실재하고 흥미롭지만, 그들에 대한 배타적인 집중은 화자들 자신에게 가장 중요할지도 모를 무엇인가를 놓치게 할 수 있다.

둘째, 사람들은 다시 확실히 하기 위해, 혹은 이야기가 말해지는 관계의 방향을 바꾸거나, 관계를 창조하기 위해 이야기를 말한다. 즉, 말하는 행위로서의 이야기는 관계이다. 이야기하기는 그 이야기를 공유하는 사람들의 관계에 대한 순환적인 정교화이다(354).

셋째, 앳킨슨과 나에게 있어서 이야기는 '회복시키는 역할'을 한다. 나는 개인적인 경험과 조사를 통해서 클레인먼(Kleinman)이 치료적 관찰을 통해 지적한 점—아픔이 사기를 꺾으며 혼란스럽게 한다는 것—을 확인했다. 사람들은 이야기를 통해 다시 자신의 사기를 높인다. '이야기하기의 관계로 들어오는 것'은 사람들, 관계 그리고 공동체를 회복시킨다.

넷째, 따라서 이야기들은 분석의 대상인 '정보' 이상이다. 만약 분석자가 이야기하기의 관계 밖으로 지나치게 빨리 빠져나가서, 이야기를 분석하기 위한 '텍스트'로 전환시켜버린다면, 그들의 분석은 잘못될 수 있다. 이야기를 내러티브로 축소시키는 것의 위험성은 사람들이 이야기하는 목적인 '관계 만들기'를 잃을 수 있다는 것이다. 내가 가장 관심을 가지고 있는 문제는, 화자들이 여러 위기에 의해 위협받는 자신의 관계적인 자아를 어떻게 유지하는가이다. 이야기에 대해 연구하는 사회과학자는 이야기에 의해 창조된 관계들의 네트워크에서 어떻게 '그 혹은 그녀가 자신의 역할을 유지하는가'에 관심을 갖는다.

마지막으로, 아픔에 대해 이야기하는 사람들의 가장 시급한 문제는 '들어지기(to be heard)'와 그들 이야기의 —관계에 대한— 요청에 응답할 타인을 찾는 것이다. 나는 "클레인먼이 화자(storyteller)이기보다 이야기 분석가(story analyst)이다"라는 앳킨슨의 이분법적 비판을 수용할 수 없다. 나는 좋은 이야기 분석가는 이야기하기의 관계에 들어가야 할 윤리적이며 지적인 책임을 가지고 있다고 믿는다. 이야기 분석은 이야기하기의 관계 속에 위치해야 한다.

앳킨슨은 위와 같은 생각이 담겨있는 나의 책 *The Wounded Storyteller* 에 대해 "체계적으로 적용하기 어렵다"고 말한다. 하지만 핵심은 이것을 체계적으로 적용하는 것이 아니라, 각각의 사람들에게 개별 적용하는 것이다. 한 독자는 나의 이야기들에 대한 반응으로 그녀 자신의 이야기를 말함으로써 관계의 네트워크로 들어왔다. 화자들은 자신들의 내러티브가 분석되기를 요청하지 않는다. 그들은 경험을 공유하고, 관계를 만들 수 있는 다른 이야기들을 요청한다.

앳킨슨이 나의 "관점이 방법론적인 몰입보다 윤리적인 몰입에 의해 더 고무되어 있다"고 지적한 것은 정확히 맞다. 사회과학은 방법론을 필요로 한다. 하지만 방법론은 윤리를 가장 중요한 것으로 보는 경향으로부터 발전해나가야 한다. 나의 관점은 이야기의 도덕을 구축하는 것에 관련되어 있다; 나는 치료적 이해에 대한 바탕, 그리고 실용적인 윤리에 대한 토대로서 아픔의 내러티브에 관한 진지한 관심을 추구한다(355).

Ⅱ 나는 '관점'을 자기 성찰의 정치적이고 윤리적인 행동으로 이해했다. 어떠한 관점을 취한다는 것은 자신의 일대기에서 특정 부분에 특권을 부여하고 그것을 남들과 나눈다는 의미이다. 관점은 자신의 개인적이고 독특한 경험을 반영하며, 경험에 대한 이해를 공유하는 사람들의 공동체에 대한 멤버십을 요구한다. 관점의 개인적이고 공동체적인 면은 각각 순환적으로 상대방이 존재할 것을 요청한다. 나는 나의 다양한 경험 중에서 선택을 함으로써 지금의 내가 된다. 이러한 선택은 윤리적인 행동으로, 타인들에게 어느 정도의 상호적인 동일시를 요청한다.

마지막으로 두 가지 짚고 넘어가야 할 부분이 있다. 첫 번째는, 관점은 절대로 고정되어 있지 않다는 점이다. 관점은 경험과 공동체가 변화함에 따라 계속적으로 변화한다는 것이다. 두 번째, 관점은 임의적인 것이 아니라는 점이다. 관점은 인식되었는가의 여부에 따른 차이만 있을 뿐, 그 누구도 관점을 갖지 않기로 선택할 수 없다(356). 내가 관점이라고 부르는 것은 다수의 관점들의 변화하는 교차점으로 생각할 때 더 잘 이해된다.

실증주의자들의 방법론적인 중립성에 반대해서 나는 베커(Becker)의 "우리는 누구 쪽에 서 있는가"라는 질문을 사회학적인 연구의 전제로서 가치 있게 평가하는 사람들과 함께 했다. 따라서 나에게 앳킨슨의 주장—옹호(advocacy)는 비논리적인 추정이며 원칙이 있는 연구는 옹호를 배제해야 한다는—은 낯설다. 나의 관점에서 볼 때 의미가 있는 것은 아픈 사람들의 경험을 묘사하는 것이 아니라, 그 사람들에게 그들의 상황을 다르게 경험할 수 있는 자원을 제공해주는 것이다. 나는 이야기하기가—클레인먼에 의해 의도된 임상적 측면과 좀더 넓은 인간적인 측면에서 모두—치료적이라고 믿고 있다. 이러한 치료적인 효과는 '들을 수 있는 도덕적 이해력'을 키운 임상가나 사회과학자를 필요로 한다.

*The Wounded Storyteller*는 이야기를 다시 말함으로써 나 스스로의 회복이 수행되는, 그런 형태의 이야기이다. 나에게 있어 다시 사기를 북돋우는 것은 나의 아픔에 대한 생생한 경험을 이런 경험에 대한 학문적이며 전문가적인 분석으로부터 떼어놓는 글쓰기의 시도를 포함한다. 전문가들은 의학적 대상인 환자들에 대해 응답하는 것에는 숙달되어 있지만, '아픈 사람'에 대해 응답하는 것에서 불편함과 무능함을 나타냈다. 즉, 아픈 사람들이 그들 자신의 관련 속에서 그들의 경험에 대해 묘사하는, 이러한 간섭되지 않는 목소리에 대해 적절하게 반응을 할 수 있는 전문가는 별로 없다. 이 구분은 나에게 매우 중요한 것으로 앳킨슨은 알아차리지 못하고, 혹은 그의 관점에서 배제한 부분이다(357).

앳킨슨이 그의 주장을 '현대 사회학과 인류학'에 위치시켰는데, 나는 의료 인문학과 같은 혼성 담론을 일군다. 의료 인문학과 생명윤리의 혼성성의 중요성은 그들이 이끌어내는 복합적인 담론에 있는 것이 아니라, 그들의 복합적인 청자에 있다. 혼성 담론은 학자, 임상가, 정책가, 아픈 사람들에게 말을 건다. 이런 동시적인 말걸기는 학문적으로는 흐트러질 수 있지만, 이렇게 함으로써 이 그룹들을 서로에게서 분리하는 것을 넘어설 수 있다(358).

III 나에게 있어서 환자와 아픈 사람은 근본적인 차이가 있다. 환자가 되어서 보낸 시간은—의료 전문가로부터 치료를 받기 위해 진료실에 들어간 시간—아픔이 있는 인생의 일부분일 뿐이다. 의료 사회학의 전통적인 관심은 환자들이었지만, 나의 관심은 언제나 아픈 사람들이다.

앳킨슨의 프로젝트와 나의 프로젝트는 양자택일이리만치 대조적이다. 그는 내가 말하는 이야기들이 "사회적 진공에서 떠도는 듯 보인다. 목소리들이 빈 세계에서 메아리친다"고 썼다. 하지만 나에게 있어서 진공이란 없다. 아픈 사람의 이야기는 다른 아픈 사람에게 말을 하고, 나는 그 관계 속에서 이야기들을 읽는다. 앳킨슨은 화자들을 환자로서만 보기 때문에, 환자에 대한 의료 스태프의 반응이 없는 것을 진공으로 지각한다. 앳킨슨의 프로젝트는 아픔의 경험을 "의료 건강 영역에 대한 사회학 혹은 인류학"의 맥락 안에서 연구하지만 나의 프로젝트는 아픈 사람들이 이 영역 밖에서 겪는 경험들이 얼마나 풍부한지를 보여주는 것이다. 앳킨슨에게는 중요한 결점인 것이 나에게는 전략적인 필요가 된다: "의학적 작업의 내러티브는 최소한의 관심만 받는다."

앳킨슨이 말한 아픔의 내러티브의 요소는 오로지 의학과 관련된 것만 포함한다: 병의 원인을 찾는 것과 의학적 치료를 설명하는 것, 의학 역사, 그리고 의학적 예후 역시 내러티브 수행에 의해 규정된다. 앳킨슨은 아픈 사람이 지닌, 병원 밖에서의 이야기를 빠뜨렸다. 내과의사이며 철학가인 브로디(Howard Brody)가 적절히 바라보았듯, 나는 "환자 개개인의 책임감을 확립하고, 환자들의 공동체가 공동으로 그들의 이야기를 말하고, 그렇게 함으로써 그들의 고통에 의미를 부여하는 것에 훨씬 관심이 있다"(359).

*The Wounded Storyteller*가 의학적인 목소리를 배제한 것은 의사들의 이야기가 관심을 가질 만하지 않기 때문이 아니라, 책의 주제가 '아픈 사람들이 스스로의 경험을 어떻게 말하는가'이기 때문이다. 의료계의 목소리들은 아픈 사람을 환자로 격하시키고 그들의 이야기를 거대한 의학적 이야기의 한 조각에 지나지 않게 한다. 정확히 말하자면, 의학적인 목소리는 앳킨슨이 "신뢰성의 극단성"이라고 표현한 것에 의해 특권을 가지고 있으며, 그들은 전문적이지 않은 경험을 침묵시키는 경향이 있다. 아픈 사람들의 목소리를 들리게 하는 것은 전형적인 우선

순위를 일시적으로 전복하는 해체주의적인 움직임을 요구한다.

앳킨슨은 이러한 반전을 받아들일 수 없는 많은 임상가와 이론적인 전문가들을 대표한다: "클레인먼은 환자의 이야기적인 자기-지식과 이야기적인 자기-드러냄이 본래부터 어떤 모드(mode)의 해석보다 더 유효하고 진실한 앎의 모드 혹은 경험이라고 믿게 하고자 한다." 나는 앳킨슨의 '더(more)'의 사용에 호기심을 가진다. 나에게 있어서 예외없이 모든 사람의 이야기적인 자기-지식과 자기-드러냄은 '그 사람에게' 있어서 '더' 진실하다. 이것은 의료계의 사람들에게도 마찬가지이다(360).

IV 화자들은 그들의 삶의 형태를 공유하는 사람들을 상기시키기 위해 이야기를 하며, 삶의 형태를 공유하지 않는 사람들에게도 그들의 삶이 어떤 것인지를 목격할 기회를 준다. 화자들이 이야기하는 이유는, 어떤 형태의 삶이든, 삶의 형태는 너무 촘촘해서 그 누구도 묘사할 수 없기 때문이다. 화자들은 오로지 누군가를 이야기가 진행되는 동안 이야기 속으로 초대할 수 있을 뿐이다.

이야기하기의 관계로의 초대를 받아들인 사람들은 그들이 일상적으로 삶을 보던 것과는 다른 방식으로 삶을 보기 위해 그들 자신을 개방한다. '듣는다'는 것은 불신에 대한 의지적인 일시중지이기보다는 다른 믿음과 삶에 대한 의지적인 수용이다. 이야기가 어떻게 의미가 되는가하는 것은 분석적인 질문이라기보다는 경험적인 질문이다. 이를테면 게슈탈트의 그림을 보는 것처럼, 경험하지 않고는 분석하기 어렵다(361). 이야기 속으로의 초대를 받아들인 사람들이 그 이야기의 세계에 남도록 선택하지 않을 수 있지만, 만약 그 이야기가 제대로 작용했다면, 이야기 속으로 초대받았던 사람들의 삶은 이전과는 다르게 보일 것이다.

병원 장면처럼 다른 형태의 삶들이 굉장히 가깝게 교차하는 곳은 드물다. 의사와 환자는 다른 '생활세계'에 산다. 그들 각각의 '근본적인 의미와 관련성의 구조'는 다르기 때문에 각자는 상대방이 왜 그런 존재인지를 이해하기 위해 서로의 이야기를 들을 필요가 있다. 이 이야기들이 들어지기 전에는, 병원은 긴장된 장소로 남는다. 이야기하기의 관계에 들어섰을 때에만 상대의 삶의 모습을 상대가 경험하는 것처럼 인식할 수 있다.

V

나는 질적 연구가들에게 아픔의 경험들이 전문적 의학에 의해서 결정되는 것은 의료적 문화에 의한 것보다 훨씬 더 적다는 것을 제시한다. 관리 의료는 더 적은 의사와의 접촉과 더 짧은 병원 체류를 제공한다. 다른 한편으로는 미디어 정경이 과거에는 상상도 할 수 없었던 만큼의 다량의 의학적 정보, 대안적 의료에 관한 정보와 다른 아픈 사람들과의 접촉을 제공하고 있다.

아픈 사람들이 아픔에 대해서 대처하는 방식들—직접 만나거나, 전자적 대화를 통해서 의사소통하는 등 서로에게 영향을 미치는 방식으로—은 의학계에 도전하는 한편, 의학적 전문지식에 새로운 길을 열어주고 있다. '새로운 전문기술은 환자들의 질병뿐 아니라 그들의 삶에 대한 이야기를 듣는 것'이라고 하는 의학계의 최근의 경향은 나를 낙관적으로 만든다(362). 하지만 아픈 사람들이 아픔에 대처하는 방법은 의학으로부터의 해방뿐 아니라 의학에 의한 버림받음 또한 반영한다.

우리는, 관리 의료가 우리로 하여금 필요한 의학적 치료를 받는 것으로부터 막을 것을 두려워함과 동시에 우리가 원하는 것보다 더 많은 의학적 치료를 받아야만 하는 위험을 부담해야 하는—죽을 권리 운동의 동기가 된—, 역설적인 순간에 살고 있다. 오로지 질적 방법에 의한 해석만이 이러한 의학에 대한 의존과 저항의 엉킨 끈들을 풀어줄 수 있을 것이다. 이런 혼란은 아픔의 경험에만 만연한 것이 아니라, 새롭게 분화된 '보건의료' 경험—자신의 건강의 불확실함과 도처에 존재하는 위험에 대항해서 건강을 유지하기 위해 해야 하는 것에 대한 자각—에도 스며들어 있다.

사회가 이러한 문제들에 직면하면서, 많은 정보라는 것은 좀더 명확한 가치 판단에 비해 덜 중요하게 될 것이다. 더 많은 정보를 원하는 것에서, 우리가 아는 것에 대해 관점을 가지게 하는 가치를 필요로 하는 것으로의 이러한 전환은 우리 시대의 패러다임으로 보인다. 다시 말해서, 지식은 윤리적 딜레마의 농도를 더 짙게 할 뿐이라는 것이다. 생명윤리학의 존재는 이러한 곤궁을 보여준다. 우리가 알고 있는 것에 대해 무엇을 할 것인가를 결정하는 일은 윤리적인 관점을 가질 것을 요구한다. 지식인들은 이러한 깊은 혼란의 환경에서 사람들이 정책을 만들고, 치료적, 기업적 그리고 개인적인 결정을 하도록 도와야 한다.

우리가 직면하는 혼란은 새로운 의학적 테크놀로지, 새로운 질병, 자원의 분배에 대한 새로운 문제, 그리고 어떻게 아픈 사람들이 연장된 삶을 최선으로 살아갈 것인가의 문제를 포함하지만, 이런 것들에 한정되지는 않는다. 아픈 사람들과 그들의 가족, 의사들, 간호사들 그리고 행정가들은 기존에는 당연하게 여겨졌던 가치가 사라지는 것으로 인해 힘겨워 하고 있다. 사회과학자들은 이야기를 순환시키고, 그 이야기들의 공통점을 찾아내고, 사람들로 하여금 지금까지 들려지지 못했던 '불편한 사실'들을 직면하게 함으로써 새로운 윤리의 출현을 촉진할 수 있다. 부재하는 주체들—아픈 사람들뿐 아니라 의료관계자들—을 위한 공간을 창조하고 그 공간을 그 주체들의 현존과 말해진 경험으로 채우는 것은 윤리적 작업의 한 형태이다.

나의 일은 아픈 사람들에게 귀 기울이는 것이다. 그들의 이야기에 더 많은 유통성을 주고 다른 아픈 사람들과 아직 아프지 않은 사람들이 아픔의 내러티브에 들어있는 지혜를 들을 수 있도록 도와주는 것이다. 지혜는 분석적인 카테고리가 아니라, 구범적인 판단이다. 하지만 그런 판단 없이는, 분석은 비어 있을 것이고 사람들의 삶에 적용 불가능할 것이다(363).

◆ 비 평 : 내러티브와 사법의 진실발견 ◆

법조인들은 '이야기 구성하기(스토리텔링)'에 익숙하다. 하지만 저자 역시 지적했듯이, 이야기를 구성한다는 것은 내러티브가 소외될 수 있는 가능성을 안고 있다. 직접주의와 구술주의 등의 법원칙이 있음에도 불구하고, 재판정에서의 진실발견이란, 원고와 피고의 이야기는 형식적으로 제공되고, 변호인과 검사에 의한 이야기와 그 후의 법관에 의한 이야기로 구성되기 쉽다. 법관에 의한 이야기에 대해, 원고와 피고의 이야기는 내러티브가 된다. 그들의 이야기가 '새로운 이야기의 재료'로서 사용되었을 뿐이기 때문에 그 둘 중 누구에게도 법관의 이야기가 스스로의 이야기로 받아들여지지 않을 수 있다. 따라서 '당사자들에게 수용가능한 정의의 구현을 위한' 진실발견을 하기 위해서는 법조인의 일방적인 이야기하기가 아닌, 상호적인 대화의 과정을 통해서 진실이 구성되도록 해야 한다. 즉, 이상돈 교수가 말한 진실발견의 "마당적 특성"에 대한 이해가 필요하다.

이와 같은 취지로 시도된 제도의 한 예가 조정제도이다. 조정 안에서는 합의의 내용에 따라 이야기가 달라진다. 즉, 내러티브의 교환을 통해 양방에 수용 가능한 이야기를 구성허 가는 것이다. 이러한 교환은 선형적이지 않은, 순환적인 교환을 통한 포스트모던적인 저자적 텍스트(writerly text)의 구성을 지향한다. 조정의 과정을 통해서 이상돈 교수가 이야기한 “대화적 의사형성과 합의지향적인 협상과 결정의 절차”로 나아갈 수 있는 가능성이 열린다. 이와 같은 자율적인 이야기 구성을 통해서 당사자들은 어떤 내러티브로 이야기 구성에 참가할지 여부에 대해서도 스스로 선택할 수 있게 된다. 이런 자율성은 재판정에서 법관에 의해 구성되는 이야기의 경우, 당사자들이 스스로의 이야기가 법관의 이야기에 내러티브로서 사용되는 것에 대하여 선택권이 없다는 점과 다르다. 현실적으로 조정의 과정이 자본과 권력의 논리로 얼룩질 가능성 역시 함께 안고 있다는 점은 실천적인 면에 있어서 이론상의 논의가 앞으로 극복해나가야 할 과제 중 하나이다.

스스로 관계의 회복을 하지 못하고, 법을 통한 관계의 회복을 추구하는 사람들은 관계가 일그러진 아픔을 가진 사람들이다. 이러한 아픈 사람들이 법의 관계 속으로 들어오면서—법률가들을 자신의 이야기 속으로 초대함으로써—기대하는 것은 법률가들이 자신의 이야기를 분석해주는 것이 아니다. 저자가 “나에게 있어서 예외없이 모든 사람의 이야기적인 자기-지식과 자기-드러냄은 ‘그 사람에게’ 있어서 더 진실하다”고 밝힌 것처럼, 법의 관계 속에 들어온 사람들에게 각자의 이야기는 예외없이 ‘더’ 진실한 것이며, 법률가들이 자신의 이야기를 ‘경험’하고 ‘공감’해주기를 바라는 마음에서 초대를 하는 것이다. 다시 말해서, 당사자들의 바람은 ‘법률가들이 관계의 밖에서 행하는 진실 발견’이 아닐 수 있다. 각각의 당사자들에게 진실은 이미 구성된 것이고, 스스로의 진실을 인정해주지 않는 타자에 대해 동의를 구하고, ‘공감하는 관계를 만드는 것’이 법의 관계 안에서 당사자가 이야기를 하는 목적이 된다. 관점의 교환과 공감의 교차를 통하여 서로에게 수용가능한 새로운 관계를 형성해 가는 것이 법영역의 특징 중 하나라고 볼 수 있다.

이런 과정에서 법은 딜레마에 봉착하게 되는데, 그것은 법이 형평성을 가져야 하고, 어느 한 당사자의 ‘편’을 들어줘서는 안 된다는 점이다. 즉, 관계 속으로 들어간다는 것이 형평성을 해칠 수도 있다는 점에서, 이와 같은 관점을 법학에 적용하는 것이 적절치 않을 수 있다는 우려를 낳는다. 하지만 인간인 법관이 진실발견을 하는 것이기에, 이미 법의 형평성 개념에는 내재적 한계가 있고, 자유심증형성의 과정에서 법관은 이미 관계 속에 들어가 있다. 따라서 '관계 속의 형평성'에 관한 논의가 도출될 수 있다.

법, 경계, 경계 안에 갇힌 자아

▶ Law, Boundaries, and the Bounded Self
Jennifer Nedelsky, Representations No. 30 Special Issue: Law and the Order of Culture, 1990

reviewed by | Yoonyoung Min

저자 제니퍼 네델스키(Jennifer Nedelsky)는 로체스터 대학에서 문학학사학위를 받고(1970), 시카고 대학에서 석사학위(1974)와 철학박사학위(1977)를 받았다. 프린스턴 대학에서 정치학과 조교수로 1985년까지 강의했으며, 1985년 토론토 대학 법과대학에 방문 조교수로 온 이후에, 1995년부터 지금까지 정교수로 재직하고 있다. 주연구분야는 페미니즘 이론, 미국 헌법사와 그 해석, 비교 헌법주의이다. 대표적인 저서로는 *Private Property and the Limits of American Constitutionalism* (1994), *Judgment, Imagination and Politics : Themes From Kant and Arendt* (Ronald Beiner와 공동편집, 2001), *Law, Autonomy And the Relational Self : A Feminist Revisioning of the Foundations of Law* (2005), *Human Rights and Judgment : A Relational Approach* (2006)가 있으며, 2000년에 인권분야의 연구로 the Bora Laskin National Fellowship을 수상했다.

미국의 입헌주의 전통에서, 재산(property)은 권리의 강력한 상징으로서 정부에 대한 제한으로 작동했다. '권리'가 '정부'에 대한 '제한'으로 기능한다는 관념은 대부분의 미국인들에게 상식—"정부는 내 것을 가져갈 수 없다"는—으로 받아들여지는 복잡한 은유적인 연결들을 포함하고 있다. 이런 측면에서 재산은 그것의 신성함이 국가의 힘으로부터마저도 장벽이 되어주는 안전(security)의 근원이다.
이런 개념 형성은 보다 깊은 현상의 한 부분이다: 자유 혹은 자율성(autonomy)이라는 근본적인 가치를 파악하고 보장하는 수단으로써, 경계(boundaries)에 초점을 맞춘다는 것이다. 즉, 경계가 자유에 관한 법적 수사의 중심적인 은유가 되었다.

입헌주의의 새로운 비전은 재산을 다른 권리—역시 경계로서 작용할—로 대체하는 것보다 더 많은 것을 요구하며, 새로운 개념을 필요로 한다. 이 글은 경계 은유의 폐지를 시도할 것이다(162).

나의 결론은 경계 은유가 인간의 자율성에 대한 최선의 가능성을 탐사하는 데 잘못된 초점을 제공한다는 것이다. 우리는 관계의 패턴을 숨기기보다는 두드러지게 보여주는 은유적 구조를 가진 법의 언어를 필요로 한다(163).

I 연방주의자들에게 있어서 재산을 보장하는 정부를 만드는 것은 핵심적인 문제였고, 이들의 이런 관점은 Constitutional Convention of 1787에 지배적으로 나타난다. 재산보장의 문제는 재산에 관한 문제에서 벗어나서, 다수의 억압의 위협으로부터 권리를 보호한다는 보다 광범위한 문제의 한 예로 다루어졌다(164).

하지만 본래적으로 불평등을 내포한다고 인식되는 재산을 사적 권리의 보호의 중심적인 상징으로 한다는 점에서 연방주의자들의 생각은 실패했다(165). 연방주의자들은 유산자의 권리를 다수의 요구로부터 보호하는 것이, 개인을 집단의 억압으로부터 보호하는 것과 같지 않다는 점을 간과했다.

이런 과정에서 권리는 집단적으로 결정되어야 할 가치가 아닌, 보호되어야 할 것이 되었다. 1800년 이후에는 사법부가 헌법으로 보호된 권리의 이름으로 민주적 과정의 결과들을 부수는 힘을 휘둘렀고(166), 경계는 사법부에 의해 정의되고 방어되었다.

위에서 스케치한 입헌주의의 비전들－민주주의와 개인의 권리 사이의 긴장, 권리는 경계라는 관념－은, 재산과의 관련 속에서 과장되고 참호 속에 갇혀버린, '분리된 자아(seperate self)'라는 개인에 대한 잘못된 개념에 의존한다. 이제 자아들이 '경계 안에 (갇혀)있다'는 것이 당연한 진실처럼 여겨진다. 하지만 나는 이것이 인간을 이해하는 파괴적인 방법이라고 생각한다.

Ⅱ

미국의 체제가 보호하고자 기획한 자율성은 개인의 둘레에 권리의 장벽을 세우고 집단의 침입을 막음으로써 성취될 수 있다. 이에 따르자면, 가장 완벽하게 자율적인 인간은 가장 완벽하게 고립된 인간이다. 확실히 영미 법이론에서 인간의 자율성(혹은 자유나 프라이버시)이 존재할 수 있는 영역을 정하는 경계들로서의 권리의 이미지는 일상적이다(167).

경계의 은유는 법적 담화뿐 아니라, 우리 문화 전반에서 깊고 지배적이다. 그러므로 경계의 은유에 대한 나의 도전은 미국 입헌주의의 재산-기반적(property-based)인 경계를 넘어서는 부분까지 미친다. 그렇다면 경계의 수사가 가지고 있는 문제점은 무엇일까?

다시 자율성으로 초점을 맞춰 보자. 한 개인의 자율성은 능력이지, 법이론이나 정치이론 등에서 전제조건으로 위치지어질 고정된 인간의 특성이 아니다. 이 능력은 개발되어야 하는 것이고, 활짝 피어나거나 시들어 버릴 수 있다. 그렇기에 자율성의 발달에 필수적인 것은 침입으로부터의 보호가 아니라 건설적인 관계이다. 다시 말해, 자율성 요구의 중심적인 질문은(법적이든 아니든) 어떻게 자율성을 강화시키는 방향으로 관계의 구조를 짤 수 있는가 하는 것이다. 하지만 경계 은유는 우리의 관심을 이 질문으로 이끌지 않는다. 그 대신 이것은 자아의 보존을 위해서 가장 중요한 것이 경계를 긋고, 침입으로부터 보호하는 것이라는—이것이 법이 할 수 있는 가장 중요한 일이라는—이미지로 우리를 이끈다(168). 인간의 자율성을 가능하게 하는 것은 고립이 아니라 부모, 스승, 친구들, 그리고 국가와의 관계이다. 상호의존은 자율성의 반대어가 아니다.

근대 국가에서 오늘날의 중심적인 문제는, 국가가 침범할 수 없는 영역을 유지하는 문제가 아니라, 이미 국가의 통제나 책임하에 있는 영역에서 사람들의 자율성을 강화하는 것이다. 다시 말해 이 문제는 국가와 시민의 상호관계의 구조를 어떻게 짤 것인가의 문제이다. 우리가 집단을 자율성에 대한 위협임과 동시에 근원으로 바라봄으로써 개인과 집단의 관계에 대한 우리의 관념은 통째로 변화된다.

드워킨(Andrea Dworkin)은 '인간임'을 '경계 안에 있음(boundedness)'으로 이해하고, 성교의 사회적인 의미가 지배의 개념과 떨어질 수 없는 것이라고 말한다(169). 즉, 여성은 성교로 인해 그 경계—인간 존재의 근본인—가 일상적으로 침해되거나 존재하지 않기 때문에, 여성들은 "신에 의해서 보다 적은 프라이버시와 낮은 자아감을 갖도록 의도되었다"는 것이다. 이런 관점에서 여성의 성기는 그녀의 보다 낮은 지위의 핵심요소가 된다. 드워킨은 성교가 그것의 본질적인 특성 때문에 반드시 침입의 의미를 가진다는 주장과, 성교의 의미의 사회적 구성 때문에 그런 의미를 가지게 되었다는 주장 사이에서 불안정하게 흔들리고 있다. 나는 의미가 사회에 의해 구성되었다는 주장은 설득력 있다고 생각하지만, 이 주장 역시 경계를 인간의 중심 은유로 사용하고 있다는 점에서 한계가 있다.

우리의 프로젝트는 여성의 경계를 확고히 하거나, 남성과 같은 정도의 보호의 원을 여성 주변에 그리는 방법을 찾는 것이 아니다. 또한 나의 주장은 경계 은유가 남성에게는 적합하지만 여성에게는 파괴적이라는 것이 아니다(170). 그것보다는 경계 은유가 인간 자아의 본질에 대한 잘못된 이해로 이끈다는 것이다.

III

나는 *Property and the Limits of American Constitutionalism*을 저술하면서 경계 은유가 얼마나 자주 쓰이는지를 인식하기 시작했다. 특히 두 가지의 상당히 다른 종류의 문학이 경계 은유를 강화한다는 것을 깨달았다.

첫 번째는 성장문학(child-development literature)이다. "아이들에게 명확한 한계선(경계)을 그어주는 것은 매우 중요하다"와 같은 은유들은 너무나 친숙하게 들려서 마치 그들이 명백하게 '옳은' 것처럼 보인다. 그들은 또다른 특별한 은유와 연결되어 있다: 아이들이 발전할 수 있는 '안전한 공간'이 그것이다.

성장문학이 일견 법적 담화로부터 떨어져 있고 경계 은유를 유효하게 하는 것과 상관없는 듯이 보이지만, 이런 문학들은 부모들이 아이들을 사회에 잘 들어맞을 수 있도록 기르는 것을 돕는다는 측면에서 우리 사회의 지배적인 사고의 모드(modes)를 반영하고 있다(171). 브릭스(Dorothy Corkville Briggs)는 그녀의 책 *Your Child's Self-Esteem*을 "분리는 소유를 의미한다"는 관점 아래서 저술하면서, 나눔은 완전한 소유를 전제로 한다고 주장했다. 작가의 나눔에 대한 개념은 '자선(largess)'이고, 이것은 명백하게 이데올로기적이다. 이런 상황은 어느 한 사람이 대상에 대해 통제력을 갖고 있고, 다른 사람으로 하여금 그것과 상호교류하도록 허락하기를 선택하는 것이다. 즉, 대상에 대해서만이 아니라 다른 사람들에 대해서도 통제와 선택의 힘을 적용하는 것이 자율성의 중요한 부분으로 취급된다.

하지만 '우리 자신의' 것을 자선을 통해서만 '나눌 수 있다'는 관념은 진정으로 나누는 것이 아니다. 그와 반대로, 아이에게 '그녀의 환경은 다양한 사람들(그리고 다른 생물들)이 필요로 하는 것이고 그들 또한 권리를 가지고 있는 것'이라고 알려주는 것이 진정으로 '나누는' 것이다. 이렇게 할 때 그녀의 자아는 소유의 개념으로 만들어지지 않고, 상호적인 연결의 맥락에서 발달될 것이다. 이러한 소유, 분리의 연결은 법과 정치 이론의 은유적 구조를 떠올리게 한다(172).

성장문학이 법적 담화와 이데올로기적인 프레임을 공유한다고 보인다면, 나의 다음 예는 그와 같은 프레임의 거절이다. 스타혹(Starhawk)은 페미니스트 작가로 '마법, 성, 그리고 정치'라는 주제를 탐구한다. 그녀는 훌륭한 대안을 제시하지만, 여전히 경계의 은유를 사용한다. 그녀의 대안에서 '공간'이란 개인의 둘레에 있는 것이 아니고 집단의 둘레에 있는 것이고, 또한 연대성 안에서 서로를 묶으려는 것이지만, '안전한 공간'이라는 개념 안에서 경계 이미지는 여전히 중요한 은유로 남아 있다:

> 마법 도구인 anthame으로 우리는 마법의 원을 그리고, 주술적 시공간과 일상적 시공간을 나눈다. anthame은 두 가지 측면을 갖고 있는데, 우리를 보호해주는 반면 우리를 도울 수 있는 것도 막는다는 점이다. 경계는, 그 본질상, 독단적이다. 경계는 두껍거나 얇을 수 있고, 딱딱하거나 침투가능할 수 있다. 하지간 경계가 없는 집단이란 안전한 곳이 아니다.

스타혹은 자아를 '분리'—그녀가 이미 널리 퍼져 있고 위험한 환상이라고 보는—와 구별한다. 또한 그녀는 연대성 안에서의 안전함과 '높이 세워진 장벽 뒤에' 우리를 방어하는 것과도 구분한다. 하지만 여전히 그녀는 경계의 은유의 전통적 사용과 같은 방향을 향하고 있다(173).

물론 경계 개념은 설득력이 있다. 그렇다면 우리는 왜 개인과 집단의 관계를 중재하는 어렵고 중요한 문제에 있어서, 그것이 지닌 힘(강점)을 배제해야 하는가? 경계 은유의 일반적인 문제점 중 하나는, 너무 깊이 정립되어서 당연한 것으로 보이는 모든 은유들이 그렇듯이, 그 은유가 최초에 대답하고자 의도했던 질문을 흐리게 한다는 점이다. 경계가 달성하고자 하는 것은 신뢰와 안전(trust and security)의 감각이다. 신뢰와 안전은 자아가 가질 수 있는 감정들이며, 이런 감정들이 풍부하게 꽃 피우도록 필요한 관계에 초점을 맞추어야 한다(174).

부모들이 경계를 명확하게 설정해 줌으로써 아이에게 신뢰와 안전의 감각을 줄 수 있다는 것은 그럴 듯하게 들린다. 하지만 명확한 경계를 훈계하는 것이 부모들로 하여금 아이가 가질 필요가 있는 감정들이나, 그런 감정들을 강화시키는 관계의 질에 초점을 맞추도록 해주는지는 의심스럽다. 경계는 초점을 장벽, 규칙, 분리 혹은 반대적인(적대적인) 분리로 집중시키고, 초점을 관계의 본질로 이끌지 않는다. 아이에게 '안전한 장소'를 제공하는 것의 핵심은 탐사하고 발달할 수 있는 안전과 신뢰의 감각이지, 규칙이 아니다(175).

입헌적인 맥락에서 권리를 경계로 다루는 것은, 그 경계들을 결정하는 과정으로 우리의 관심을 이끌지 않는다. 우리는 권리들, 경계들을 결정의 결과—다른 결정과 특별한 관계에 있는—로 보지 않는다(176). 경계는 우리가 현실을 이해하는 것을 방해하고, 따라서 경계의 개념은 렌즈(lens)라기보다는 가면(mask)이 되었다.

프라이버시 문제는 위의 맥락과 근본적으로 일치하는 문제를 가지고 있다. 프라이버시는 필연적으로 존중하는 관계를 수반한다. 우리가 경계지어진 영역을 '인간임'의 지표로 취급한다면, 그런 경계들을 존중하는 것은 그 사람을 존중하는 것이 된다. 다만 여기서 의문은, 경계에 집중하는 것이 우리가 강화하고자 하는 종류의 관계를 이해하는 가장 좋은 방법인가 하는 것이다(177). 우리는 프라이버시를 경계와 매우 밀접하게 연결시키기 때문에, 경계를 버리자는 나의 제안이 프라이버시라는 개념 그 자체에 대한 거부로 들릴 수 있을 것이다. 하지만 그것은 나의 의도가 아니다. 프라이버시 개념은 인간의 중요한 능력—그들이 타인과의 관계에 들어설 것인지 아닌지를 결정하는—과 같은 중요한 가치들을 포함하고 있다. 나는 그러한 가치들을 관계의 패턴 그 자체에 집중함으로써 더욱 강화할 수 있다고 생각하고, 우리의 초점을 관계로부터 떨어뜨리는 '경계를 존중하기보다' 사람들의 필요 그 자체를 존중해야 한다고 생각한다.

IV

하지만, 우리 안에 본질적으로 경계지어진 무엇인가가 있기에 우리가 그것을 지배적인 은유로 사용하고 있는 것은 아닐까? 나는 아니라고 생각한다. 진실은 지배적인 자아의 관념이 '분리된 자아'라는 점이고, 우리가 그 관념을 너무나 오랫동안 당연하게 받아들여와서 경계가 자연스럽고 본질적인 것으로 여겨진다는 것이다.

예를 들어 라코프(Lackoff)와 존슨(Johnson)의 '피부를 경계로서 인식하는' 관점과 다르게, 켈러(Keller)는 "우리의 피부는 분리하지 않는다—그것은 우리를 멋진 감각적 지각의 네트워크를 통해 세계와 연결해준다"고 했다(178). 또한 그리핀(Griffin)은 "우리에게 잘 알려지지 않은 마음의 부분은, 우리 안에서 잠자고 있는, '무의식'으로 이름지어진다. 이것은 우주 안에서 우리가 다른 모든 존재들과 분리될 수 없음에 대한 인식이다"라고 말한다.

켈러는 "분리와 성차별주의는 우리 문화에서 자아를 형성하는 가장 근본적인 가정으로 함께 기능해왔다"고 지적한다. 그녀는 "융합(merger)의 공포는 분리된 자아에 대한 주장에 동기를 제공한다. 하지만 그러한 자아-잃음(self-loss)의 공포 안에는 여성에 대한 뿌리 깊은 공포가 잠복하고 있다"고 지적하고(179), 여성에 대한 공포, 집단에 대한 공포, '대양 같은 감정(oceanic feeling)'에 대한 공포와 '외부세계와 하나가 되는, 영속하는 결합'에 대한 공포가 연결되어 있음을 설명한다. 그녀에 따르자면 프로이트의 심리학에서 "이러한 파괴할 수 없는 유대감은, 정신이상이나 퇴행성 발육부전으로써, 지루하게 붙어 있는 유년기의 흔적에 속하는 것으로" 설명된다. 하지만 이러한 공포와 비난에도 불구하고 유대감이 세계의 근본적 진실이라는 "진실의 암시는 우리에게 도달하고 있다."

켈러는 신화와 심리학을 철학과 결합하여, 이 암시에 맞는 자아에 대한 대안적인 이미지를 제공한다. 그녀는 제임스(James)의 자아의 흐름(stream of self)과 화이트헤드(Whitehead)의 내재성(immanence)을 끌어들여서 '사건이고, 과정이며, 고정된 실체가 아닌' 자아를 그린다. 분리된 자아는 힘과 지배 안에서만 가능한 안전을 찾는 것이다. 켈러에 따르면 "지배는 연결(connection)에 대한 오래된 대안이다"(180).

켈러의 힘과 분리된 자아에 대한 연구는 우리로 하여금 우리의 문화를 이해하도록 돕는다. 하지만 그녀의 목적은 수용이나 적응이 아니라 변형이다. 분리된 자아의 개념은 우리의 신화, 철학, 심리학 그리고 법에 이르기까지 너무 깊게 자리잡고 있어서, 이를 바꾸기 위해서는 새로운 상징들, 신화들 그리고 은유들이 필요하다.(181) 로터(Lauter)의 다음과 같은 주장은 그러한 대안의 한 예이다:

> 내부는 외부와 거의 구별되지 않고, 구별은 순간적으로만 일어난다. 중요한 것은 하나의 영역으로부터 다른 영역으로의 에너지의 흐름이고, 그렇게 해서 삶이 유지된다…이 이미지들은 대립을 중재하기보다

는 포함한다.

우리의 새로운 개념은 개인과 집단 간의 서로 침투하는 복잡성에 집중할 것이다. 경계와 중재는 분리와 적대를 내포하고 있고, 변화하는 입헌주의가 반드시 대응해야 하는 복잡하고 풍요로우며 자아와 타인 간의 긴장을 가득 실은 상호연결을 다루지 못한다. 재개념화는 경계를 용해시키는 은유들로 가능해진다(182).

V

미국 헌법의 수사학은 인간임의 다양한 측면들 중에서 '분리'에 중점을 둠으로써, '융화(integration)', '상호침투(interpenetration)'와 같은 다른 측면들을 분리시키고 우리의 이해를 왜곡한다. 경계 설정적인 권리는 하나됨(unity)에 대한 인식이 우리에게 부여할 책임으로부터 우리를 보호한다. 우리는 위협에 의해서만이 아니라, 우리를 둘러싸고 있는 고통에 찬 사람들의 요구에 의해서 '침입되고', '빼앗기는' 것을 두려워한다. 우리는 그들의 외침에 벽을 쌓고, 우리는 '우리의 권리 안에 있을 뿐'이며, 권리가 우리의 의무와 자격을 정의하기 때문에, 우리가 다른 사람의 권리를 침해하지 않는 이상, 우리는 잘못하는 것이 없다고 한다.

자유의 형식은 우리가 스스로를 "우주 안의 다른 존재들과 떨어질 수 없다"고 바라보기 시작함에 따라 급진적으로 전환될 것이다. 이러한 전환에 대한 공포는 오랜 것으로, 재분배(redistribution)에 대한 불안은 미국의 역사에서 계속 있어 왔다(183). 로터에 따르면 "여성의 이미지는 막대하게 증대된 책임감이다." 그러한 책임감은 특권화된 자유와는 양립할 수 없을 것이다. 우리가 대립들을 중재하는 것이 아니라 진실로 통합하는 새로운 은유들을 개발하면서, 우리는 우리의 책임에 대응하는 새로운 방법을 찾아야 할 것이다. 물론 그것은 법을 경계들의 왕국으로 인정하고 나머지는 도덕 혹은 연민에 맡겨 버리는 것, 혹은 권리의 장벽에 의해서는 이루어질 수 없다. 우리는 재산과 같은 전통적인 개념을 가지고, 우리가 어떤 패턴의 관계를 원하고, 어떤 세계를 원하는가, 그리고 어떤 패턴이 융화(integration)에 적절한지를 물어야 한다. 이런 질문들은 재산의 개념을 배제하는 것이 아니라, 상호작용과 책임감에 초점을 맞추는 것이다.

우리는 우리의 전제들이 의문시되는 끊임 없는 변화의 시대에 있다. 우리는 우리의 언어를 이제 겨우 말해진 '암시'들의 방향으로 전환하도록 시도할 수 있다. 해체는 약속을 수반하고, 우리가 권리의 장벽을 허물 수 있다면, 재건은 보다 더 충만해질 것이다(184).

◆ 비　평 : 경계 안에 갇힌 자아에서 관계적인 자아로 ◆

저자는 경계 은유의 역사적 배경을 살펴보고(I), 그 한계와 문제점을 지적한다(II). 경계 은유에 대한 문학적 분석(III), 심층 심리적 분석을 행한 후에(IV), 대안으로써 새로운 은유의 요소들을 제안한다(V). 저자는 근대적 자아개념에 대한 비판과 해체, 그리고 재건을 시도한다. 주체 해체로 나아가지 않는다는 점에서 온전히 포스트모던적이라고 할 수는 없지만, 기존의 근대 패러다임의 한계를 인식한, 반성적 모더니즘이다.

저자가 파악하는 근대적 자아상의 핵심은 경계 은유이다. 경계는 분리를 낳고, 분리는 소유를 낳는다. 경계의 은유로서 분리-소유-자선의 연속 관계는 로크의 소유권적 권리에 기초한 근대적 인권 패러다임하에서 공고하다. '자기가 이미 가지고 있는 것'을 아낌없이 준다(자선)는 것은 진정한 나눔이 아니라고, 저자는 주장한다. 그보다는 그들 또한 권리를 갖고 있다는 것을 인정하고, 그들의 타당한 몫을 주는 것(재분배)이 진정으로 나누는 것이다. 다시 말해 자선의 대상 역시 이미 '스스로 권리를 갖고 있음'을 그 대상에게 알려주고, 나누는 주체 역시 그것을 인정해야 한다.

프라이버시권에 대한 관점의 변화는 이러한 '경계'에서 '관계'로의 전환의 물결을 드러낸다. 근대 패러다임하에서 프라이버시란, 주체가 자유의 울타리 안에서 무엇을 하든 보호되어야 한다는 소극적인 것이었다면, 정보적 자기결정권으로 발전되고 있는 현 상황은 '사적 정보의 획득과 이용에 대한 권리'라는 보다 적극적이고 능동적인, 보다 상호적인 권리로 나아가고 있다. 또한, 근대적 인권개념의 한계를 넘어서는 제3세대 인권개념의 출현도 같은 맥락에 있다.

저자가 '경계의 은유: 분리-소유-자선'에 대한 대안으로서 제시하는 것은 '융화의 은유: 네트워크-연결-상호성-재분배'라고 볼 수 있다. 여기서 재분배는 공유와는 다르다. 개인의 권리로서의 재산 개념을 유지하되, '상호작용과 책임감' 그리고 그녀가 제시한 '진정한 나눔'에 보다 무게를 두는 것이다. 저자는 켈러의 견해, '지각의 네트워크로서의 피부'를 빌려서 새로운 은유를 제안한다. 저자의 관점에서 이제 권리는 경계가 아닌 네트워크이다. 저자는 분리하지 않고, 내부와 외부, 자아와 타자를 연결해주는 관계적인 권리 개념을 주장한다. 그런 맥락에서 상호주관적 권리 개념과 같은 방향을 지향하고 있다.

저자의 최근 저서 *Human Rights and Judgment : A Relational Approach* 에서도 알 수 있듯이 그녀는 경계 안에 갇힌 자아에서, 관계적인 자아로의 전환을 제안한다. 물론, 관계적인 자아 역시도 '아무런 경계도 가지지 않는' 것은 아니다. 다만 관계가 가진 경계의 측면을 인정하되, 경계를 중심적인 은유로 사용함으로써 자아를 '경계 안에 갇힌 자아'—하버마스의 '외로운 인식주체'—로 바라보게 하는 지금의 패러다임을 비판하는 것이다. 저자가 밝힌 대로 '인간임'의 요소에는 경계도 있고 상호성도 있다. 지금까지의 패러다임이 경계를 중심적인 은유로 보았다면, 저자는 이제 그 중심을 상호성으로 옮기자는 이야기를 하는 것이다.

이렇게 함으로써 은유가 '가면'이 아닌 '렌즈'로서 작용할 수 있게 될 것이다. 렌즈 역시도 경계를 가지고 있다. 하지만 가면과 다르게 렌즈는 상호투과적이다. 렌즈를 통해서 나도 상대를 볼 수 있고, 상대 역시 나를 볼 수 있다. 하지만 렌즈가 없이는 우리는 서로를 볼 수 없다. 이것이 은유로서의 관계, 렌즈로서의 관계의 기능이며, '동일시하고 차이를 깎아 없애는 데에' 기초한 은유의 정치학을 넘어서는 가능성이다.

고통, 기억 그리고 자유주의적 법적 주체의 형성: 니체와 형법

▶ Pain, Memory, and the Creation of the Liberal Legal Subject: Nietzsche on the Criminal Law
M. Valverde, *Nietzsche and Legal Theory* (P. Goodrich & M. Valverde 편), Routeledge, 2005.

reviewed by | Yoonyoung Min

저자 마리아나 발버드(Mariana Valverde)는 요크대학에서 석 · 박사학위를 취득하였고, 현재 캐나다 토론토 대학 범죄학센터(Centre of Criminology)에서 범죄학을 가르치고 있다. 그녀의 학문적 관심은 사회이론과 법이론, 그 중에서도 특히 도덕적 규제에 관한 사회학적-역사적 분석에 초점이 맞추어져 있다. *Law and Order: Signs, Meanings, Myths*와 *Law's Dream of a Common Knowledge* 그리고 *Representing Law and Order* 등 법이론 관련 저작을 다수 집필하였으며 최근에는 Peter Goodrich와 함께 *Nietzsche and Legal Theory* (Routledge, 2005)를 공동편집하기도 했다.

I 우리가 형법의 기초에 대한 질문들과 관련해서 니체의 텍스트를 보아야 하는 두 가지 이유가 있다. 첫째, 개인적 귀책, 자유의지 등의 형법의 핵심 카테고리들이 일반적으로 자유주의적 거버넌스의 핵심 카테고리이기도 하기 때문이다(67). 니체는 자유의지가 종종 강제적인 모습을 띠는 거버넌스의 우발적인 결과라는 통찰을 제시했고, 그의 작업은 비판 이론가들이 개인의 자유에 대한 설명을 할 때 가장 통상적으로 사용하는 개인의 심리적인 트라우마나 구조적인 역사적 경향을 강조하지 않는다. 대신 그는 형법과 연합된 특정한 관습들(practices)—형벌의 관습들, 채무 관습들, 그리고 계약—의 역할을 그 핵심으로 강조한다. 따라서 근대 자유주의의 자유로운 개인을 탈중심화(decenter)하고 맥락화(contextualize)하려는 포스트 구조주의적인 노력에 대한 니체의 고유한 공헌은 조망해볼 가치가 있다. 둘째로, 자유주의적 주체에 대한 니체의 탈중심화는 맑스주의와 정신분석학이 각각 다른 방향성을 가지고 개척한 개인의 자유에 대한 비판을 넘어선다. 근대 합법성의 도덕적이고 이성적인 주체에 대한 니체의 세련된 계보학은 시간성(temporality) 그 자체를 탈중심화한다. 나는 이 글을 통해서 니체의 통찰이, 사회 규범, 사적 규칙, 국가법 등을 융합하는 정신분석학의 특징을 피하는 대신에 특정한 법적 관습들이 근대의 개인적 주체를 가공하는 데 기여한 작업들을 강조함으로써, 법적 연구에 보다 더 직접적으로 유용하다는 것을 보여주고자 한다(68).

근대적 개인을 구성하는 전반적인 작업에 대해 형법—특히 처벌—이 제공한 카테고리에 대한 니체의 부분적인 계보학이 핵심적으로 드러나는 문헌은 『도덕의 계보학』의 두 번째 에세이이다. 이 문헌은 형법의 법적 원칙들과 장엄한 도덕을 그들의 불명예스러운 뿌리—채무관습, 채무를 이행할 수 없는 채무자에게 가해진 신체적 고통을 포함하는—로까지 거슬러 올라가 추적한다. 죄의식(guilt)은 혼성적인 법적/도덕적/사회적 카테고리를 풍부하게 가지고 있다(69). 우리의 탈종교적 시대에 주관적 죄의식과 개인적 책임의 구조는 (종교가 아닌) 법에 의해 더 굳건하게 유지된다.

나는 이 글을 통해서, 보다 덜 논의되어온 '미래를 구속하는 문제'에 대해 논의하겠다. 미래를 구속하는 문제는 언어와 도덕적(주관적) 죄의식이라는, 니체의 작업이 계속적으로 고심하는 인간의 두 가지 특정한 기술의 혼합을 통해 성공적으로 다루어질 수 있다. 이 글은 인간의 두 번째 근본적인 기술—죄를 지은 자신이나 타인을 다루는 기술의 집합—의 도덕적(주관적) 그리고 법적인 측면에 중점을 두겠다.

Ⅱ 시간적 동물과 채무 관습

기독교나 다른 영원의 이데올로기들에 있어서 인간을 구별짓는 특색은 불멸의 영혼—세속화되고 근대화되고 법제화되면서 법의 '자유의지'로 된—이다. 기독교적 영혼의 세속화를 가능하게 한 핵심적인 전환점은 시간성을 움켜잡는 인간의 특징적인 능력이다. 니체에게, 인간이 다른 동물과 구별되는 것은 영생이나 영원한 원칙을 갖는 것을 통해서가 아니라, 그와 반대로, 인간만이 시간의 흐름을 자각한다는, '시간성'을 통해서이다(70). 시간성은 형이상학적으로 묘사되는 것이 아니라, 경제적 관습—약속하고 자신의 빚을 갚는—과 얽히고 그에 기반하는 것으로 묘사된다.

왜 약속을 하는 능력이 역설적이라고 말해지는가? 인류가 직립보행을 하게 된 것과 같이, 약속을 하는 능력이 자연적으로 진화된다는 생각이 왜 그럴 듯하지 않게 들리는가? 그 이유는 (시간의 흐름을 인식하지 못하기 때문에) 망각(그리고 기억)이 '동물'에게는 불가능한 것이기 때문이다. 니체는 인간이 '시간적 동물'이라는 점을 고려함을 통해, 정신/물질, 영혼/몸, 문화/자연의 이분법을 해체한다. 우리는 시간에 관계없고—즉, 어제와 오늘을 구별하지 못하고—따라서 미래에 대해 걱정하지 않으며 언어의 필요성도 느끼지 않는 '가축'이 아니라고 그는 말한다. 언어는 인간—필연적으로 육체화되었지만 잠재적으로 자유로운 영혼이 될 수 있는—이 시간성을 인식하고 그에 대처하는 중요한 기술이다(71). 니체에게 시간성은 인간에 의해서 극복될 수 없는 것이며 오직 받아들여질 수 있는 것일 뿐이고, 따라서 인간이 시간성을 극복할 수 있다든가, 극복해야 한다는 사고는 그에게 있어서 "희극적"이다. 니체는 근원에 대해 묻지 않고, 우연적으로 발달된 관습—시간성을 인간이 인식하는 데 영향을 미쳤을—에 대해 묻는다. 니체에게 인간은 역설적이며, 우습고, 희비극적인 존재들이다. 인간은 순수한 정신적 존재들이 아니며, 전적으로 물질계에 속하는 것도 아니다. 우리는 필연적으로 가축떼를 아이러닉한 거리를 두고 외부에서 바라본다(72).

니체에게 인간은 순간에 매여 있는 존재가 아니다. 가축은 모든 것을 순간의 장면(flash)으로만 인식하고 (시간을 인식하지 못하므로) 망각조차 할 수 없지만, 시간과 죽음의 운명을 날카롭게 자각하고 있는 인간에게는, "망각은 힘"이고, "망각 없이는 산다는 것 자체가 궁극적으로 불가능하다." 따라서, 만약 적극적인 망각이 건강한 개인과 건강한 집단 문화를 가능하게 하는 조건이라면, 망각은 선택적이어야 한다. 어떤 감각은 프로이트주의자들이 말하듯이, 억압되고, 바로 그 과정을 통해서 다른 것들이 기억된다. "필연적인 망각의 동물은 그들 스스로를 위해 그와 반대되는 능력인 기억(memory)하는 능력을 길러냈다. 기억을 수단으로 특정한 사안들에서 망각이 일시적으로 중지될 수 있게 되었는데, 약속이 만들어진 사안들이 그러하다." 기억의 가장 근본적인 형태는 그가 다소 애매하게 일컬은 "의지의 기억(the memory of the will)"이다. 오웬(David Owen)이 주목했듯이, 니체는 여기서 우리에게 "권력의 계약적인 심리학(contractual psychology of power)"을 제공한다(73).

약속하는 능력을 인간과 동물이 구별되는 특성으로 선택했지만, 동물에게서와 마찬가지로 인간에게도 그 능력이 자연적으로 생겨나는 것이 아니다. 약속과 계약의 필요적 전제, 즉 의지의 기억은 육체적 존재인 인간의 몸에 육체적 처벌을 통해서 '가공'된다. 그 후에야 채무뿐 아니라 사실과 도덕적 가치들을 기억하는 능력이 인간의 마음의 특성으로 나타나는 것이다. 우선, 누군가에게 빚을 지는 관습적인 상황이 있다. 이것은 인간의 마음 속에 그 채무가 갚아지도록 하는 메커니즘을 주입할 필요를 창출한다. 이 메커니즘은 '단순히 채무의 권력관계를 기억하는 것'과, '처벌의 두려움 때문에 채무를 갚는 많은 경험 후에, 우리가 채무를 잊거나 계약을 어길 경우 죄의식을 느끼게 된다'는 두 가지 부분으로 이루어져 있다.

독일 단어 Schuld가 채무와 함께 죄의식을 의미한다는 우연적인 사실은 니체의 계보학의 발전에 핵심적이다. 니체가 객관적인(경제상의) 채무, 주관적 죄의식 혹은 채무를 지고 있다는 감정, 그리고 법적 죄의식을 강조한 것은 오늘날의 형법과 직접적인 관련이 있다. '책임'은 위의 세 가지를 연결고리로 하는 잘못 정의된 네트워크의 이름으로 생각될 수 있다.

책임—많은 분석가들이 자유주의 그리고 특히 신자유주의 주체의 근본적인 특성이라고 주장한—은 비공식적인 사적 계약에서의 사회적 상호관계로부터 쉽게 자라나지 않는다(74). 인간이 약속을 하고, 또 약속을 할 권리를 갖기 위해서 요구되는 것은 인간의 능력을 계약행위를 통해서 비교 가능하고, 정량화 가능한 단위로 고쳐 만드는 것이다. 미래의 결과를 계산하는 것(미래를 구속하는 것)은 특수성들을 깎아내고, "예측가능하지 않은" 사건들을 분리시킬 것을 요구한다. 따라서 계약관계에 들어가는 것은 연속성 혹은 동일성의 가정을 요구하는 것이다. 계산하는 주체 역시도 같은 과정에 의해 만들어지고, 따라서 자유주의 이론에 의해 가정된 개인—계산하는 마음이 이미 주입되어 있고 기능하고 있는 '주체'인—은 사실 계산이라는 바로 그 활동을 통해 생산된다. 다시 말해, 계산활동의 '객체'이다(75). 니체는 채무는 개인들 사이에서만 일어나는 것이 아니라, 집단적인 채무—예를 들어, 조상에 대한—도 있다고 말한다. 조상에 대한 채무는 전근대적인 수사어구이지만, 근대의 현저한 특성이기도 하다. 조상에게 진 이러한 빚은 절대로 완전히 갚아질 수 없고, 따라서 "우리가 절대 갚을 수 없을 만큼 '공동체'에 빚을 지고 있다"는 교훈을 우리에게 알려준다. 이것은 시민들에게 계속되며 한계가 없는 책임감을 갖도록 한다(76).

따라서 채무와 계약은 개인적 책임을 가진 근대적 인간의 형성에 핵심요소이다. 하지만 니체에게 이것은 애덤 스미스(Adam Smith)가 말한 '보이지 않는 손'이나, 뒤르켐(Durkheim)의 '사회 구조의 진화'에 의해 일어나지 않는다. 그 둘의 사고를 비판하면서 니체는 매우 충격적인 관점을 제기하는데, 그 관점은 '폭력(violence)'이 기억을 장기적으로 효과적이고 모든 사람들에게 영향을 미치도록 하기 위해 요구된다는 것이다. "가장 공포스러운 희생과 상실…고통은 기억술에 가장 강력한 도움을 준다."

처벌의 폭력은 일반적인 억제를 제공하기 위해 의식적이고 이성적으로 선택된 것이 아니다. 일반적으로, 특정한 효과를 갖고 있는 관습은 거의 미래에 대한 통찰 없이 선택된다. 니체에게, 시작은 언제나 우연적이며, 특정한 문제에 대한 특정한 반응이다. 거버넌스는 항상 브리콜라주의 실행이다. 인간은 주위를 둘러보다가, 유용하다고 느껴지는 것을 움켜잡고, 실험을 한다. 인간의 관습에서 '목적'을 발견하는 것—사회학자들이 즐겨하는—은 대부분 목적론적 궤변이다(77). 이러한 인간의 계획에 대한 일반적인 회의론은, 형법 교수들의 '처벌의 목적'

을 이론화했다는 주장에 대한 니체의 비판의 기초이다. 처벌은 하나의 사회적 목적을 가진 어떤 하나의 것—뒤르켐의 잘 알려진 이론에서처럼—이 아니다. 처벌은 하나의 이름을 가진 (여러 부분들의) 통합된 존재이다. 육체적 고통, 잔인함, 채무, 자비 등을 포함하는 관습은 그 자체로 혼성적이고, 그들은 오로지 '처벌'이라는 표지 아래서, 그리고 국가가 '형법'을 고안함으로써만 묶일 수 있다.

니체의 주장은 19세기 독일의 근원에 대한 강박을 피하고, 그 대신 '작은 관습들'과 그들의 효과—특히 육체적 효과—에 초점을 둔다는 면에서 방법론적으로 혁신적이다. 카프카(Kafka)의 『유형지에서(the Penal Colony)』에서의 고문 기계에 대한 섬뜩한 묘사—피 묻은 바늘로 범죄자의 등에 그가 범한 범죄를 새겨넣는—를 사용해서 니체는 "이런 종류의 기억을 통해서, 사람들은 마침내 '이성(reason)'에 도달했다!… 얼마나 많은 피와 공포가 모든 '좋은 것들'의 바탕을 이루는가"라고 했다(78).

Ⅲ 유죄냐 무죄냐의 문제가 아니다

자신이나 타인에 대한 육체적 처벌이 우리가 약속을 기억하는 능력을 구성하는 메커니즘이라는 점을 주장할 때, 이런 주장이 사람들이 스스로의 몸을 위험에 처하게 하지 않고 약속과 채무를 기억하고자 노력할 것이라는 것은 설명해주지만, 우리가 약속을 어기거나 법을 위반했을 때, 그것이 나쁘고 비도덕적인 일이라고 느끼는 죄의식의 감정에 대하여는 설명해줄 수 없다는 반대가 있을 수 있다. '몸에 새겨진 고통의 기억'과 '절대적으로 잘못된 무엇인가를 행했다는 정신적인 감정'을 연결해주는 중요한 연결고리는 자유의지이며, 이것은 법과 자유주의 정치이론이 공유하는 핵심 가공품이다. 니체는 『인간적인 너무나 인간적인』에서 자유의지라는 관념은 본래적으로 터무니없다고 말한다. 인간은 그가 자연적 필연성으로부터 벗어나 있다고 상상하는 유일한 동물이다(79).

니체가 형법적 정의에 관해 반대하는 것은, 사실이나 관습적 필요였던 특정한 사건들이 내면의 도덕적 의무로 전환되었다는 점이다. 그는 계약을 반대하지 않는다: 그는 계약을 낭만화하고, 실용적인 이유로 실현될 필요가 있는 것이었던 의무를 도덕적 미덕과 관련한 것으로 전환시키는 것을 반대한다. 니체는 책임에 반대하지 않으며, 약속의 능력이 인간의 핵심 요소라고 말한다. 하지만 니체에게, 그리고 푸코에게도 마찬가지로, 책임은 상의하달식의 도덕 코드들과는 아무런 관련이 없다. 책임은 스스로의 삶에 대한 감정을 고양시키고 세계의 궁극적으로 움켜쥘 수 없는 역동적 창조성을 강화하기 위한 방향으로 행동할, 스스로의 노력의 문제이다. 이러한 책임은 주관적인 죄의식을 일으키지 않는다. 데리다(Derrida)가 우리에게 상기시켜 주었듯이, 니체는 우리에게 죄책감을 느끼지 않으면서, 약속을 지키거나 지키지 않고 책임감을 가지라고 말한다(80).

책임과 관대는 포스트자유주의와 탈기독교 세계에서 가능하다. 이것은 아직 존재하지 않지만, '개인의 자율적인 자유의지'라는 환상을 넘어서 존재하고 있는 세계, 반만 존재(half-exist)하고 있고 법 너머에 존재하는 세계이다. 다시 말해, 책임과 정의는 자유주의적 주체 '없이' 가능하다. 교환의 논리와 부정적인 원한의 역동의 논리를 넘어서는, 건강하고 삶을 긍정하는 관대함은 오직 비자유주의적이고 비도덕주의적인 세계에서만 가능하다. "법의 너머"로 가기 위해서, 우리는 법의 주체를 넘어야 하며, 그것은 도덕의 주체, 문법의 주체이기도 하다. 니체는 언어에 대한 그의 작품에서, 문법이 우리를 속이는데, 그것은 문법이 우리로 하여금 모든 행위에 주체를 위치시키도록(모든 문장에 주어가 있도록) 강제함을 통해서라고 주장한다. 선재하는 주체를 위치시킬 필요를 느끼지않는 자유로운 영혼이 짜라투스트라의 말을 들을 수 있고, 법을 넘을 수 있는 영혼이다.

이것이 법과 정의의 메커니즘에 무엇을 의미할 수 있는가? 우선, 책임 있고, 자율적이며, 자유로운 개인을 사회학적이고 법적인 관습의 산물로 강등시키는 것은 니체가 형사적 '고의', 혹은 mens rea에 관한 질문들을 폐기시키고자 한다는 것을 의미한다. 왜냐하면 그와 프로이트가 동의한 한 가지가 '사람들은 절대로 자신이 무엇을 하고 있는지를 제대로 알 수 없다'는 것이기 때문이다. 사람들의 목적은 언제나 반만 형성되어 있고(half-formed), 반만 의식적(half-conscious)이다. 고의에 대한 질문들은 범죄자를 스스로의 마음을 알고 있는 완전히 이성적인 주체로 가정한다. 채무의 사회경제적 관습의 발달은 철학적으로 정교한 형법, 고의, 양심의 가책, 억제 등등의 체계를 발생시킬 필요가 없었다. 따라서, 형법은 민법의 단계로 강등된다(81).

고의, 동기 그리고 자유의지에 초점을 두는 것에서 벗어나자는 이러한 움직임은 니체에게만 고유한 것은 아니다. 니체의 혁명적인 면은, 그가 그의 채무와 계약에 대한 논의에 뒤이어 '형법을 재구성하겠다'는 제안을 하는 유혹을 피했다는 점이다. 니체는 형법에 관한 새로운 개론 강의를 하는 것이 아니라, 형법 학생들을 가까운 감옥으로 데리고 가 견학을 시키고자 할 것이다. 니체에게 실재하고 논의할 가치가 있는 것은 (이론보다는) 인간의 관습이다. 인간들의 사건과 관습들은 이론을 예증하기 위해 존재하는 것이 아니다. 시간 속에 사는 존재로서 우리가 할 수 있는 최선은 시간의 계속적인 흐름을 움켜잡거나 다루어보려는, 필연적으로 실패하는 노력으로서의 삶을 인정하는 것이다(82).

니체의 기획은 "책임감을 내려놓으라!"는 것이 아니다. 대신 그는 처벌의 관습(공포)과 원한의 감정과 짜맞춰진 우리 사회의 '책임'이, 다른 형태—삶을 긍정하는 "권력에의 의지"에 의해서 고무되는—를 띨 수 있다는 것을 보여주고자 한다. 그렇게 함으로써 우리는 책임의 관습이 '내적인 심리학적 죄의식'에 기반할 필요가 없다는 것을 이해할 수 있다. 그리고 만약 책임이 필연적으로 죄의식을 지고 있는 것이 아니라면, 자유(freedom) 역시도 필연적으로 자유주의적(liberal)인 것은 아니다(83).

니체는 자율적인 주체가 환상이 아니며, 분명히 존재하지만, 특정한 관습들의 생성물, 즉 효과로써 존재한다고 주장한다. 니체는 우리에게 다음과 같은 질문을 묻도록 요구한다: 우리는 우리의 법적, 사회적 질서의 기본 도구들이 영원한 원칙이나 초자연적인 본질이 아니라, 일시적인 관습적 발견이며 아상블라주라는 것을 인정할 수 있을 만큼 충분히 성숙했는가? '천사가 존재하냐'는 질문에 대해 제임스(William James)가 대답했듯이, 일상의 관습이 천사에 의존하고 천사를 실재하도록 만든다면, 천사는 실재가 된다. 이런 것은 자유주의적 주체나 자유의지 등에도 마찬가지로 적용된다.

니체는 우리에게 계보학의 방식으로 모든 영구적인 철학을 탈중심화하라고 지시한다. 계보학적 작업은 "X란 무엇인가?" 혹은 "X는 존재하는가?"와 같은 질문을 묻지 않고, "만일 X가 존재하는 것처럼 사람들이 행위한다면 어떤 일이 일어나는가?", "어떤 관습들이 모여서 우리가 X라고 부르는 아상블라주를 구성하는가?"와 같은 질문들을 묻는다. 이것은 이론화되지 않은, 경험적인 질문처럼 보일 수 있다. 하지만 나의 생각에서는 오직 이런 질문들이야말로, 우리를 '~이 존재하는가?' 라는 20세기의 무의미한 논의 너머로 데려다 줄 수 있는, 유용한 이론적 질문들이다. 우리가 사색에 빠지는 것이 아니라 실제로 우리가 어떻게 지배되고 있는지를 이해하고자 할때, "자유란 무엇인가?" 혹은 "얼마나 많은 자유가 법에 의해 개인에게 제공되어야 하는가?"와 같은 질문들이 아니라, "개인적 자유에 대한 집단적 신념이 어떠한 정치적 관습을 야기했는가?"와 같은 질문들이 유용할 것이다(84). 법사회학자들에 의해 법적 메커니즘들이 사회적, 윤리적, 정치적 거버넌스의 현시대의 메커니즘의 계보학을 연구하는 풍요로운 장소가 된다는 것이 논의되고 있다(85).

◆ 비 평 : 니체의 계보학과 근대적 개인 ◆

저자는 니체의 계보학의 고유한 특성을 맑스주의와 정신분석학과의 비교를 통해서 간략하게 조망하고, 그것이 법적 연구에 보다 더 적합함을 주장한다(I). 그 후에 인간의 고유한 특성인 시간성과 그로 인한 망각, 그리고 선택적 망각으로서의 기억(약속)과 그것이 가능하도록 하는 육체적 처벌—폭력—의 관습의 우발성에 대해 살펴본다(II). 마지막으로 자유주의적이고 도덕주의적인 근대법 너머에 존재하는 "반만 쓰여진 법(half-written law)"—본 논문이 실린 책의 제목이기도 한—의 가능성을 제시하고, 니체의 계보학적 문제설정의 유용함을 다시금 언급한다(III).

자유주의에 기반한 근대 법이론가들에게 있어서 '자유의지를 가진 자율적인 주체', 그리고 '자유의지의 남용으로서의 죄', '그것을 다루기 위한 처벌'은 서로 필연적인 관계를 가지고 있으며, 이러한 필연적 관계를 통해서 논리적으로 (형)법이 구성된다. 다시 말해, 근대 법이론가들은 법존재론의 입장에 서 있다. 이에 반해 니체의 법계보학은 계보학적 작업을 통해 "형법의 원칙과 장엄한 도덕의 불명예스러운 뿌리를 드러내고", 자유의지의 허구성을 폭로함을 통해서 주체를 해체한다. 그에 따르면 주체는 자유의지에 따라 움직이는 것이 아니라 육체적 고통을 통해 각인되는 관습에 의해 구성되고 행동하는 존재이다. 또한 니체에게 있어서 죄가 아닌 권력에의 의지가 법을 생성시키는 한 축이 된다. 관습, 권력에의 의지, 주체 해체의 세 축은 서로 논리적이고 필연적인 관계가 아니며, 오히려 비논리적인 역동적 상호과정이다. 따라서 법은 필연적이지 않으며 우연적으로 생성된다. 이러한 니체의 계보학적 법 연구는 거칠게 말해 '생성사회학'이다.

위와 같은 맥락에서 니체의 법계보학은 포스트모던 법학의 맹아라고 볼 수 있겠다.

그의 육체적 고통에 대한 중립적인 분석은 근대적 인권개념에도 새로이 시사점을 가진다. 니체의 중립적인 입장에서 체벌이란 오히려 삶을 가능케 하는 요소로서 존재할 가능성을 갖고 있다. 이것은 체벌을 절대적 인권침해라고 바라보는 자유주의적인 근대 인권관념에서는 받아들이기 어려울 것인데, 따라서 니체의 관점 안에는 근대적 인권개념의 경직성을 부술 수 있는 잠재력이 존재한다.

하지만 니체의 주체부정을 법적 연구에 적용함에 있어서 그것이 근대법의 한계를 넘어설 가능성을 갖고 있음과 동시에 '잘못 사용될' 경우, 하버마스 등의 반성적 모더니즘이 추구하는 '상호주관성'이 아닌, 집단주의 등으로 '악용될' 위험성도 함께 안고 있다는 점을 유의할 필요가 있을 것이다.

2부

포스트모던 법학의 정치적 지평

급진적 민주주의: 모던한가 포스트모던한가?

▶ Radical Democracy: Modern or Postmodern?
C. Mouffe, Social Text 제21권, 1989

reviewed by | Soyoung Lee

저자 샹탈 무페(Chantal Mouffe)는 정치이론가로, 벨기에의 샤를루아에서 태어났다. 루뱅 대학과 에식스 대학에서 수학했다. 현재는 웨스트민스터 대학의 정치이론 전공 교수이다. 유럽, 북미, 라틴아메리카 등지의 많은 대학에서 강의했고, 하버드대, 코넬대, 캘리포니아대, 프린스턴 고등연구대학(Institute for Advanced Study in Princeton), 그리고 파리의 국립과학연구센터(Centre National de la Recherche Scientifique) 등에서 연구원으로 있었다. 어네스토 라클라우(Ernesto Laclau)와 함께 *Hegemony and Socialist Strategy*(1985)를 펴냈다. 주된 연구관심분야는 정치의 본질, 주권국가의 미래, 현대 철학의 탈본질주의적 경향, 정치적 자유주의와 민주주의의 전망, 합리주의에 대한 비평, 시민권 등이다. 현재는 유럽에서의 우익 민중주의(right-wing populism)의 출현, 다극화 세계질서 내에서의 유럽의 위치 등을 연구하는 프로젝트를 진행 중이다.

I 20세기가 저물어가는 오늘, 이른바 '사회변혁'의 근저에 깔린 계몽주의의 이상을 다시금 불러오는 건 도대체 의미 있는 일일까? 자코뱅적 환상이 지난 200년간 혁명적 정치의 배후에 자리하고 있었던 건 사실이고, 그 부작용인 소비에트 붕괴와 계급환원주의의 무력함은 쉽사리 극복될 수 없으리라 본다. 그렇다고 사회주의의 '우애롭지 못한 형제'인 사회민주주의가 대안을 제시해주지는 못하는데, 복지국가정책의 실패가 이를 입증한다(31).

사회주의의 이상에서 문제되는 건 근대성의 기획에 예속되어 있는 바로 그 진보 관념이다. 그렇기에 지금까지 주로 문화적 차원에 집중되어 왔던 포스트모던 담론을 정치적 차원으로 끌어올릴 필요가 있다. 그런데 불행히도 이러한 논의들은 단순화되고 빈약한 입장들 속에서 너무도 빨리 화석화된 듯하다. 료따르(Lyotard)는 근대성의 기획 자체를 '제거되어야 할 것'이라 주장한 반면, 하버마스(Habermas)는 '근대적 보편성'을 비판하는 모든 이들을 보수주의자로 몰았다는 데서도 그러하다. 전자가 보편주의 철학을 거부하기 위해 정치적 자유주의를 폐기할 필요성을 역설했다면, 후자는 자유주의를 수호하기 위해서 보편주의 철학을 고수해야 한다고 주장했다. 로티(Rorti)가 옳게 지적했듯이 이는 계몽주의의 두 측면인 '자기주장(self-assertion)의 정치적 기획'과 '자기정초(self-foundation)의 인식론적 기획'을 부적절하게 결합한 데서 비롯된 오류이다. 이 두 측면 사이의 필연성을 부정한다면, 합리성의 특정한 형태에 기초한 관념들을 폐기하면서도, 근대의 정치적 기획을 방어할 수 있게 된다.

하지만 로티는 자본주의와 민주주의를 모두 포괄하는 애매한 개념인 '자유주의'를 근대성의 정치적 전략으로 인식했다는 점에서 문제가 있다(32). 자유주의와 민주주의는 단지 19세기에만 서로 접합되었을 뿐이고, 더욱이 정치적 자유주의와 경제적 자유주의는 구분되어야 한다. 이 모든 걸 순진하게도 '자유주의의 이름으로' 혼용한다면, '선진 서구민주주의 제도들'을 근대성의 수호라는 미명 아래 단지 변호하는 방향으로 흘러갈 것은 자명하다.

Ⅱ 근대성의 특성을 정치적 측면에서 파악한다면, 그건 말할 나위 없이 '민주주의 혁명의 출현'이다. 레포르(Lefort)도 지적한 바 있듯이 민주주의 혁명에서 권력은 '빈 공간'화되고, 따라서 현재는 비결정적이다. 이 때 사회는 정확히 설정된 경계를 보유하지 않으며, 단일한 또는 보편적 관점으로 묘사되는 게 불가능한 구성체이다. 이처럼 민주주의 혁명을 특징짓는 근본적인 비결정성으로 인해, 근대성의 정치적 기획은 '최종적인 합법성이 불가능하다'는 탈근대적 인식과 맞닿아 있다. 따라서 합리주의나 휴머니즘에 대한 도전은 근대 내부의 특정한 계몽주의적인 기획의 위기를 함축할 따름이다. 그건 근대성의 정치적 기획, 특히 '자유와 평등의 성취'를 폐기해야 함을 의미하진 않는다. 이러한 전제하에야 탈근대적 비판은 온당하게 공헌을 인정받을 수 있을 것이다(34).

단일한 주체라는 관념에 집착한다면 우리가 어떻게 새로운 적대들의 모순을 이해할 수 있겠는가? 오늘날의 신사회운동을 특징짓는 건 '개별행위자들을 구성하고 그 개체들이 적대의 위치에 배열됨으로써 정치화되는', 주체-위치들의 다양성이다. 이런 새로운 운동들의 특성과 민주주의혁명이 아직도 성취해야 할 사회적 관계들의 다양성을 이해하기 위해서는, 탈총체화된 행위자로서의 주체에 관한 이론, 즉 헤게모니의 영향에 의해 구성되는 다양한 주체-위치들 간의 교차점에서 '구성되는 주체'에 대한 이론의 발전이 필요하다. 그것은 자신의 고유한 이익을 추구하는 개인에 지향된 자유주의나 모든 주체-위치를 계급위치로 환원시켜버리는 맑스주의와 차별화된 새로운 접근일 것이다(35).

일찍이 페미니즘에서 보편적 시민권이 전제했던 개인은 곧 '남자' 임을 폭로하였듯, '급진적 민주주의' 관점에서 민주주의 기획을 재구성하기 위해서는 인간본성의 계몽주의적 보편성은—그 역사적 유의미성과는 별개로— 이제 포기될 때가 되었다. 오늘날 주장되고 있는 새로운 권리들은 추상화된 인간 개념 속에서 배제되어 왔던 차이의 표현들로써 실제로 '인정'될 것을 요구한다. 보편주의는 거부되는 게 아니라 개별화된다. 필요한 건, 보편과 개별 사이의 새로운 형태의 접합(articulation)이다(36).

Ⅲ 계몽주의의 추상적 보편주의에 대한 이 같은 비판은 아리스토텔레스의 프레노시스(phrenosis) 개념의 복원을 요한다. 과학들의 고유한 지식과 구별되는 이것은 에토스, 즉 공동체에 통용되고 있는 문화적 · 역사적 조건들에 의존하며 보편성의 모든 가면들을 벗겨냄을 함축한다(36). 가다머(Gadamer)식의 해석학의 발전과 함께 쿤(Kuln)과 헤세(Hesse)의 탈경험적 과학철학의 발전은, 과학의 진화에서 지배적인 합리성에 대한 실증주의적 모델에 도전하면서 수사적 요소의 중요성을 지적함으로써 이러한 프레노시스적 경향에 큰 공헌을 하였다. 또한 아렌트(Arendt)가 "정치적 공간에서 사람들은 진리의 영역이 아니라 의견 혹은 독사(doxa)의 영역에 존재한다"고 주장한 것, 그리고 "각각의 공간은 고유의 정당성 기준을 보유한다"는 주장도 그런 측면에서 전적으로 옳다(37).

그러나 가치체계의 궁극적인 합리적 기초를 제공할 수 없다는 점을 인정함이 곧 모든 관점들을 동일한 것으로 간주하는 건 아니다. 한편 탈근대적 비판이 보여주는 논리와 수사 사이의 구별불가능함이 '힘이 곧 정의를 형성한다'는 냉소주의나 회의주의로 빠지는 걸 의미하진 않는다. 즉 권력과 타당성의 절대적 분리가 불가능하다고 해서 '규칙에 주의를 다하는 사람'과 '단순한 권력증대를 원하는 자'들을 구별할 수 없게 만드는 건 아니기 때문이다(38).

Ⅳ

그럼에도 급진적 민주주의가 합리성의 상이한 형태들을 인정하고 전통의 역할을 중요시한다는 점은, 역설적이게도 보수주의적 사고의 주요 경향들을 관통하는 듯 보인다. 이는 왜 포스트모더니스트들이 하버마스에 의해 보수주의자라는 오명을 뒤집어썼는지를 설명해준다. 그러나 포스트모더니즘을 현실안주나 반민즈적 전망과 연결짓는 건 부적합한데, 그것이 다양한 유형의 접합들을 스스로에게 제공해주기 때문이다(39).

예컨대 오크쇼트(Oakeshott)는 정치를 '합의를 준수하는 방식에 대한 일상적 인식에 따라 사회를 구성하는 사람들의 집합 안에서, 합의를 준수하는 행위'로 보고, 그것은 '존재하는 합의 속에 암시된 바를 추구하고 개척함으로써 합의를 교정하고 수정하는 행위'라 말했다. 합의들이 하나의 패턴을 형성하며 완전히 드러나지 않은 문제들에 대한 '연민'을 암시한다면, 정치적 행위는 그러한 연민에의 개척이다(40). 그렇다면 정치적 논의는 '현존하지만 아직 완결되지 않은' 연민의 설득력 있는 노정이 될 것이고, 또한 지금이 그것을 인지하는 적합한 시기라는 논거가 그때그때 타당성을 얻을 것이다. 즉 차이의 체계 속에서 잠정적으로 형성되는 합의들의 확대는 헤게모니를 구축한다. 차이의 개방성 속에서 이루어지는 탈접합과 재접합의 과정을 통해 헤게모니적 실천이 이루어진다고 하겠다.

급진민주주의 기획은 민주주의가 적용되는 공간을 새로운 사회적 관계로 확장시키기 위해, 권리를 더 이상 개인주의적 틀에서 파악할 것이 아니라 '민주적 권리들'로 파악하는, 또 다른 종류의 접합들을 필요로 한다. 가능한 많은 수의 다양하고 이질적인 민주주의 투쟁들의 접합은 새로운 헤게모니를 창조할 것이다. 물론 헤게모니는 결코 완성될 수 없고, 사회가 단일한 민주주의적 논리에 지배되는 것도 바람직하지 못하며, '투명한 사회의 신화' 역시 경계되어야 한다. 오히려 급진적 민주주의 기획은 다양성과 이질성과 갈등의 존재를 요구하며 그 속에서 정치의 존재의의를 찾는다(41).

V 이처럼 급진적 민주주의의 임무가 민주주의 혁명을 심화시키고 다양한 민주주의 투쟁들을 상호연결짓는 것이라면, 반인종주의, 반여성주의, 반자본주의 등 일상적 접합을 허용하는 새로운 주체-위치들이 창조되어야 한다. 이러한 투쟁들은 스스로 수렴되지는 않으며, 민주적 등가(democratic equivalence)의 원칙에 입각하여 개별집단의 요구가 다른 집단들의 그것과 접합될 수 있도록 상이한 집단들의 정체성을 변형시켜 주는 새로운 '상식(common sense)'이 필요하다. 그것은 주어진 이해들 간의 단순한 동맹을 설정하는 문제가 아니라, 그런 이질적 집단들의 정체성을 실질적으로 변화시키는 과정의 문제이기 때문이다.(42)

여기서 급진적 민주주의는 '사회적 관계들에 선행하는 주체'라는 자유주의적 개인주의 이념에의 비판을 공동체주의와 공유하면서도 공동체주의의 여러 조류들 중 일부와는 관점을 달리한다. 공동체주의의 동일한 깃발 아래, 한편으론 공공선의 정치라는 이름으로 자유주의적 다원주의를 거부하는 샌들(Sandel)이나 맥킨타이어(MacIntyre) 같은 이들이 있고, 또 한편에는 자유주의의 인식론적 전제를 비판하면서도 그 정치적 성과를 다원주의적 권리영역에 수렴하는 테일러(Taylor)나 왈쩌(Walzer) 같은 이들이 있다. 후자가 바로 급진적 민주주의와 유사한 관점을 가졌고, 전자는 도덕과 정치를 '공유된 미덕의 표현'으로 파악하여 양자 간의 어떠한 구별도 제시하지 않는, 정치에 대한 전근대적 입장을 옹호하는 경향이 있다. 덕성에의 호소는 자유주의적 개인주의의 부정적 측면과 맞서는 하나의 무기가 될 수는 있겠으나, 오늘날의 정치적 복잡성을 포착하는 데에는 부적절한 채로 남아 있다(43).

'제한없는 자아(unencumbered self)'라는 자유주의적 개념이 불충분하다면, '일원화된 주체(unitary self)'라는 공동체주의의 그것 역시 불만스럽기는 매한가지다. 많은 공동체주의자들은 우리가 경험적으로 한정된 단일한 공동체에 소속되며 이는 공동선이라는 하나의 관념으로 통일될 것이라 믿지만, 실제 우리는 언제나 복수의 모순적 주체이자 다양한 공동체의 일원이며, 담론들의 다양성에 의해 구성되고 주체-위치들의 상호교차 속에서 일시적이고 불완전하게 봉합된다. 진정 다원적이고 민주적인 새로운 형태의 '개체성'을 발전시키는 데 있어, 합리적 토대를 가정하지 않는 포스트모던 철학은 많은 도움을 줄 수 있다.

정리하자면 급진적 민주주의는 근대의 민주주의적 기획을 심화시키는 데에 지향되어 있는데, 이는 계몽주의적 보편주의나 총체성, 본질주의, 단일한 주체의 신화 등을 포기할 것을, 즉 포스트모던적 관점들을 요구한다. 바로 그런 견지에서 급진적 민주주의는 포스트모던 철학의 발전을 결코 부정적으로 인식하지 않고 오히려 목표달성의 필수불가결한 요소로서 환영하는 것이다(44).

◆ 비 평 : 포스트 '민주주의' ◆

이 논문에서는 로티로 대표될 수 있을 '포스트모던 부르주아 자유주의'와는 입장을 달리하면서도, '급진적이고 자유주의적인 민주주의'의 모델로써 사회주의나 사회민주주의가 동일하게 빠졌던 함정들을 피해가는 새로운 전략들을 제안하고자 한다. 이는 근대적이면서 동시에 탈근대적인, '근대성의 완성되지 않은 기획'이다. 그러나 하버마스와 달리 무페는 계몽주의의 인식론적 기획이 거기서 수행할 역할은 더 이상 없다고 본다. 대신 그녀는 철학의 영역에서 탈근대라 불리어지는 상이한 조류들의 비본질적인 관점들에서 착안점을 얻고자 한다. 즉 자유와 평등 등, 근대의 정치적 기획은 포기하지 않되 보편적 진리와 단일성과 같은 근대의 인식론적 기획과는 결별한다는 것이다.

무페는 근대성의 근본특징을 '민주주의 혁명'이라 파악한다. 민주주의의 도래를 '확실성의 사라짐'으로 이해하는 레포르(Lefort)의 견해를 빌어 와, 그녀는 근대 민주주의 혁명으로 인해 사회가 이른바 '비결정성(indeterminacy)'에 노정되고 단일한 관점에서 설명될 수 없게 되었다고 이야기하고 있다. 다시 말해 근대성은 이미 그 내부에 본질적으로 비결정성을 지니고 있다는 것이다. 물론 근대 민주주의와 개인의 자연권이 다분히 보편주의의 토대에서 성립된 건 사실이지만, 민주주의 혁명의 정치적 이상을 심화시키고 확장하기 위해 요청되는 건 그러한 보편성의 확장이 아닌 '차이'의 표현이며, 차이에 대한 법적 승인이다.

그렇다면 합리성과 보편주의, 정초주의 등 근대의 인식론적 기초에 대한 포스트모던 진영의 비판은 근대성의 원천적인 거부와 일치하지 않게 된다. 특수성과 이질성을 동일자에 포섭되어야 할 대상으로 보지 않고 '스스로 말하게' 하는 건, 그런 의미에서 근대성의 실현되지 않은 잠재력을 일깨워내는 작용이라고도 볼 수 있다.

차이들이 '스스로 말하게' 하는 것이 단지 이상적 명제차원에 머물지 않고 현실에서 정치적 힘을 발휘하는 양상은 어떠해야 하며, 기존 사회운동의 그것과 어떻게 구분지어질 수 있는가? 무페는 노동자, 여성, 흑인, 동성애자, 생태주의자 등 다양한 사회운동 세력들이 제기하는 요구들을 '그때그때 접합'하는 형태가 되어야 한다고 주장한다. 이 때의 접합은 각 부문운동들의 차이들을 부정하거나 과도하게 동일자로 포섭하지 않으면서, 접합가능한 부분들에 대해 이루어진다. 무페가 탈접합과 재접합을 이야기하는 건 그러한 의미에서이다.

포스트모던적 인식론을 끌어온 급진민주주의에서 '차이들의 접합'과 더불어 실천적으로 중요한 개념이 사회적 적대(antagonism)의 구성적 역할이다. 이는 뒤이어 다루고 있는 라클라우(Laclau)의 논문에서 자세히 논의된다.

은유와 사회적 적대

▶ Metaphor and Social Antagonism
E. Laclau, *Marxism and the Interpretation of Culture* (C. Nelson & L. Grossberg 편), University of Illinois Press, 1988

reviewed by | Soyoung Lee

저자 어네스토 라클라우(Ernesto Laclau)는 정치이론가이다. 부에노스아이레스 대학과 옥스포드에서 수학하고 에식스 대학에서 박사를 취득했다. 현재 에식스 대학의 교수이며, 여러 해 동안 "인문학과 사회과학 이론연구센터(Center for Theoretical Studies in the Humanities and Social Sciences)"에서 '이데올로기와 담화 분석' 박사과정의 디렉터로 활동 중이다. 북미, 라틴아메리카, 서유럽, 호주, 남아프리카 등, 다수의 대학에서 강의했다. 샹탈 무페(Chantal Mouffe)와 공저한 *Hegemony and Socialist Strategy* (1985)는 그의 대표적인 저서이며, 국내에도 번역, 출간되어 있다. 그들은 맑스주의적 경제결정론에 저항하며, 논쟁적 다원주의(agonistic pluralism)를 통한 급진 민주주의를 주장하는, 대표적 탈맑스주의이론가 중 하나로 인정받는다. 최근 저서로는 *On Populist Reason* (2005), 그리고 주디스 버틀러(Judith Butler), 슬라보예 지젝(Slavoj Zizek) 등과 함께 작업한 *Contingency, Hegemony, Universality* (2000) 등이 있다.

이 글은 헤게모니(hegemony) · 담론(discourse) · 적대(antagonism)라는 세 개의 기본개념들을 둘러싸고 전개될 것이다. 나는 '사회란 궁극적으로 불가능하다'는 명제를 바탕으로 이 세 개념들을 제시할 생각이다(249).

I

이를 위해 로자 룩셈부르크(Rosa Luxemburg)의 저서 『대중파업, 정당, 노동조합』에서부터 논의를 풀어나갈까 한다. 그 저서는 제1차 러시아 혁명 이후 자본주의 체계를 극복하는 데 있어서 대중파업의 역할을 두고 벌어진 논의를 담고 있다. 1896년경 대불황이 끝나면서 맑스주의자들은 이것이 자본주의의 최종적 위기는 아니라는 것을 깨닫기 시작했고, 이후 제1차 세계대전까지 지속된 호황은 (고전적 맑시즘의) 확신들 중 많은 걸 의심하게 하였는데 그 중 하나가 노동계급의 정체성이었다(249).

노동계급 정체성의 분열에 관한 로자 룩셈부르크의 답변은 오늘날 우리가 '사회문제의 비결정성'이라 부르는 무엇과 관련되어 있다. 그녀는 "우리의 오류는 노동계급의 통일성을 선험적으로 결정 또는 고정하려고 하는 데에 있다. 오히려 노동계급의 통일성은 혁명과정 그 자체이다"라고 주장한다(250).

예컨대 당시의 러시아처럼, 광범위한 억압의 기운 아래 '충족되지 않은 민중의 요구'가 축적되어 가는 상황에서, 어느 지역의 노동자들이 지역적이고 특수화된 이유로 파업을 일으킨다고 가정해 보자. 이 때 파업의 의미는 단순히 그러한 차원에 머물지 않는다. 파업은 체제에 대한 저항을 대표하는 것으로, 정치적 의미로 전환된다. 이것이 정치적 요구와 이데올로기적 요구 사이의 통일이라고, 룩셈부르크는 말한다. 다음해 다른 지역에서 또 다른 파업이 상이한 사안을 제기하며 발생하면, 비록 동일한 사안은 아닐지라도 같은 통일의 '과정'이 발생할 것이다. 여기서 계급의 통일성은 다름 아니라 상징적 통일성(symbolic unity)이라 할 수 있다. 상징은 기의(signified)가 주어진 기표(signifier)에 비해 더 풍부하거나 혹은 과잉될 때 나타나는, 응축(condensation)의 과정이다. 이 응축의 과정 속에서 기의들의 통일성이 형성되고, 그렇다면 계급의 통일성 자체는 상징적 사건이며 결과적으로 은유의 질서에 속한다. 이것이 룩셈부르크가 말한 자발성(spontaneity)[1]이고, 기존 제2인터내셔널에 비해 룩셈부르크의 분석이 돋보이는 지점이 바로 여기다[2](250).

그러나 이 때 우리는 여전히 다음과 같은 의문을 제기할 수 있다. 만약 상이한 투쟁들 사이에서 통합이 발생한다면, 그 결과로 생겨나는 실체가 왜 하필 계급이어야 하는가? 왜 그 실체는 (이른바 혁명적 주체가 아닌) 상이한 유형의 사회적 정체성 또는 주체가 될 수 없는가? 자본주의 발전의 필연적 법칙과 새로운 형태의 주체성 사이의 간극은, 제2인터내셔널 이후 줄곧 딜레마였다. 이에 대한 룩셈부르크의 답은 진부하며, 그다지 흥미롭지 못하다. 전위당의 개념을 통해 그 간격을

---

1) 룩셈부르크는 대중파업과 같은 것은 계획에 따라서 인위적으로 수행되어지는 것이 아니라 자생적으로 발생하는 것이라 보았다. 즉 혁명 운동은 전위적인 당간부들의 결정에서 야기되는 것이 아니며 어느 특정한 역사적 시기에 사회적 관계들로부터 자발적으로 폭발되어 나온다고 보았다. 이는 역사의 필연적 법칙을 강조한다는 점에서 '혁명적 낭만주의'라는 비판을 받기도 했고 객관적 법칙에 매몰되었다는 오해를 사기도 했다. 하지만 "인간은 역사를 마음대로 만드는 것은 아니지만, 그들의 역사를 스스로 이루어 나간다"는 그녀의 말에서 볼 수 있듯, 프롤레타리아는 사회발전의 원동력이며 원인임과 동시에 사회발전의 산물이며 결과라는 인식을 단순히 결정론적이라고 말하긴 힘들다고 판단된다. 즉 룩셈부르크의 자발성은 역사필연성에 초점을 맞춘 게 아니라, 기존 체제 안에서 억압되고 코드화된 '힘'들이, 지배적인 코드가 지닌 균열의 틈새로 분출하여 탈코드화되는 상황을 상정한 개념이라는 점에서 들뢰즈/가타리의 포스트모던적 정치철학과도 맞닿아 있다.

2) 카우츠키 등 제2인터내셔널 학자들의 경우, 계급의 통일성은 경제적 토대의 법칙에 의해 기계론적으로 형성되는 것으로 보았었다.

메우려 했던 레닌 또한, 카우츠키주의와 마찬가지로 역사적 주체성을 계급으로 보았다(251).

Ⅱ 전환점은 그람시에게서 발견된다. 헤게모니 개념에서, 그람시는 계급 성격을 지니지 않은 많은 관계들이 실제로 계급주체들의 정체성 자체를 구성하게 된다는 사실을 받아들인다. 경제적 의미에서의 계급과 정치적 주체성 사이에는 어떤 일직선적인 연속성도 없다. 헤게모니는 레닌의 주장처럼 '전 과정 속에서 동일한 정체성을 가지는 요소들의 방향을 결정지어주는',[3] 그런 것이 아니다. 그것은 재접합의 과정, 즉 외부적이었던 무언가를 새로운 접합을 통해 내재화하는 과정이다. 하지만 그람시도 여전히 본질주의적인데, 왜냐하면 외부의 내재화과정은 항상 '계급의 핵심' 언저리에서 발생해야 한다고 보기 때문이다[4](252).

우리는 헤게모니의 이러한 '외부의 내재화과정'에서 필연적 핵심은 아무것도 없다는 점을 본다. 실제 우리가 오늘날 보고 있는 것은 주체-위치들과 투쟁들의 분산이며, 이들은 오히려 '계급의 핵심' 언저리에 조직될 필요가 없다. 만일 헤게모니가 이처럼 계급주체의 그것이 아니라면 누구의 헤게모니인가, 그리고 어떤 관계가 헤게모니적이 되기 위해서 무엇이 요청되는가? 나는 이를 답하기 위해 (일차적으로) 알튀세의 개념을 끌어오겠다(252).

Ⅲ 알튀세는 사회적 관계들에 대한 근본주의자들의 이해와의 단절을 시도했고, 이는 중층결정(overdetermination)[5]이라는 핵심개념을 둘

---

3) 초기의 그람시는 레닌주의에 입각하여 '계급 동맹을 가능케 하는 정치적 지도력', 혹은 '농민에 대한 프롤레타리아 계급의 지도력'으로 헤게모니를 파악했었다.

4) 결국 그람시가 내세운 대안이 공장평의회 형태의 조직이었다는 점에서 '계급의 핵심 언저리'라는 표현을 쓴 듯하다.

러싸고 이루어졌다. 이에 대한 이해와 오해는 다양하지만, 알튀세의 분석에서 그 개념의 가장 근본적인 의미는 '모든 종류의 사회적 관계는 상징적으로 구성된다'는 것이다. 이렇게 구성되는 구조를 나는 담론(discourse)이라 부른다(253).

담론은 사회 내에 존재하는 모든 것의 궁극적인 비고정성을 기술한다. 물론 여기서 우리는 담론을 말하기와 글쓰기에만 환원시켜서는 안 되고 어떤 종류의 의미관계로나 확장해야 한다. 이와 같은 담론개념은 헤게모니개념이 구축될 수 있는 지형이다. 데리다도 나와 비슷한 구상을 하였는데, 그는 담론 개념을 모든 초월적 기표의 해체에 연결시켰다. 초월적 기표가 '환상'으로 인지되고 우리가 지닌 모든 것이 끊임없는 차이의 미끄러짐일 때, 모든 건 담론이 된다고 그는 인지한다(254).

IV 이제 헤게모니 개념으로 돌아가 보자. 자신의 부분적 과정들에 대한 합리성을 제공해 주는 봉합된 공간, 심층기제로서의 사회는 존재하지 않는다. 사회는 궁극적인 불가능함의 대상이다. 이는 단지 그 불가능한 대상 또는 질서를 구성하고자 하는 '시도'로서만 존재한다. 말하자면 사회질서는 항상 외부로부터 위협받는 차이들의 불안정한 질서이다. 차이도 공간도 궁극적으로는 봉합되지 못한다. 우리는 '사회적인 것(the social)의 논리에 대해서는 이야기할 수 있지만, 궁극적으로

---

5) 중층결정(불어로는 surdetermination)은 한 관계가 전체 구조 속의 다른 관계들과의 관련 아래에서만 결정된다는, 알튀세(Althusser)의 개념이다. 전체를 구성하는 각 부분들은 나름의 구조와 시간과 발전의 리듬을 갖고 있다. 이들은 서로 불균등하게 발전하고, 그래서 이들 중에서 다른 요소들보다 영향력이 상대적으로 우월한 요소, 즉 지배적인 요소가 있다. 따라서 지배적인 요소와 접합한 관계들은 모순적인데, 전체 구조 안에서 하나의 모순적 관계는 다른 모순적 관계들과의 관련 속에서만 결정된다.

합리적이며 인식가능한 대상으로서의 사회(the society)는 이야기할 수 없다. 바로 그렇기 때문에 우리는 헤게모니 개념을 가져야 한다. 헤게모니 관계는 사회 체계에서 각 요소의 의미가 결정적으로 고정되지 않는다는 사실에 의존하는데, 만일 그것이 고정되어 있다면 상이한 방식으로 재접합하기 불가능하게 되기 때문이다(254).

어떠한 의미도 궁극적으로 고정, 획득, 정복되지 않는 공간은, 헤게모니 투쟁이 일어날 수 있는 배양지이다. 예컨대 나는 헤게모니 개념이 여성해방론에 온전히 들어맞는다고 생각해오곤 했다. 여성이라는 기표(signifier)를 생각해보자. 여성은 가족, 남성에의 종속 등과 등가성의 관계에 들어갈 수도 있고, 또 한편 억압, 흑인, 동성애자 등과 담론적 관계 속으로 들어갈 수도 있다. 그러나 여성이라는 기표 자체는 아무 의미도 지니지 않는다. 결과적으로 사회에서의 그것의 의미는 헤게모니적 접합에 의해서만 주어지게 되는 것이다. 여기서 의미를 부분적으로 고정시키는 라깡적 의미에서의 결절점이 헤게모니 이론과 밀접한 관련성을 맺게 된다(255).

이러한 '차이의 운동', 초월적 기의(signified)에 도달하는 계기의 끝없는 지연, 그리고 객관성의 궁극적 불가능성을 스스로 드러내는 경험들은 사회 안에 존재하며, 적대(antagonism)의 계기가 바로 그것이다. 이 적대의 문제를 다루기 위해서 루치오 꼴레띠(L. Colletti)와 델라 볼페(D. Volpe) 학파의 논의를 끌어올 수 있다. 꼴레띠는 '실제대립'(real opposition)과 '모순'(contradiction) 사이의 구분을 제기하는데, 간단히 말해 실제대립은 사물들 사이의 관계인 반면 모순의 관계는 명제들 사이의 관계이다. 자동차의 충돌이 실제대립이라면, '나는 A이다'와 '나는 A가 아니다'를 동시에 주장하는 건 모순이다. 꼴레띠는 유물론적 관점에서 모순 개념은 아무 기능도 수행할 수 없으며 우리는 사회적 적대의 총체를 실제대립으로 기술해야만 한다고 주장한다. 그러나 나는 적대적 관계가 사물들 사이의 관계라 생각하지 않는다. 두 개의 대립하는 실체 사이에 적의가 없는 경우도 존재하기 때문이다. 실제대립의 개념은 물리적 세계에서 사회적 세계로 번역된 은유에 지나지 않는다. 그러면 적대는 '모순'인가? 그렇지도 않다. 누군가가 두 개의 절대적으로 모순되는 신념을 지닐 수는 있지만 그들은 '절대적'이란 용어가 함축하고 있는 모순을 생활화할 수는 없을 거다(255).

V 그렇다면 적대를 어떻게 설명해야 할까? 적대적 관계 속에서 타자가 표상하는 위협은 나의 존재를 뭔가 의문스러운 것으로 변형시킨다. 동시에 나를 적대하는 자 또한 온전히 현존하진 않는데, 그들의 존재는 나의 비존재(not being)의 상징이기 때문이다. 적대는 어떠한 경우에도 '객관적인 관계'가 아니다. 적대는 '모든 가능한 객관성'의 한계에 대한 경험이고, 객관화가 부분적이고 자의적임을 드러내는 방식이다. 언어학에 빗대어 얘기해보면 랑그는 차이의 체계라면 적대는 차이의 균열이다. 이러한 의미에서 적대는 언어의 한계에 스스로를 위치 짓고 언어의 분열, 즉 은유로서 기능한다. 보통 구체적인 적대들에 대한 사회학적 내지 역사적 설명을 살펴보면, 대개의 경우 적대를 가능케 하는 조건들이나 과정들은 설명하지만 적대적 관계 '그 자체'를 설명해야만 하는 곳에 이르러서는 침묵을 지키는 경우가 많음을 알게 될 것이다. 적대란 보여줄 수는 있지만 얘기할 수는 없는 어떠한 것이다. 적대는 '사회적인 것'의 한계이며 사회의 궁극적인 불가능성을 목격하는 것이고, 모호함이 최고조에 달한 계기이다(256).

차이들은 등가성의 연쇄를 창조함으로써 붕괴된다. 말하자면, 예컨대 노동계급의 관점에서는 자유주의자나 보수주의자나 급진주의자는 모두 동일한 것이다. 상이한 세 개의 요소들이 등가성의 연쇄 속에서 대체물로 변형된다. 차이를 같게 만드는 것은 체계가 가질 수 있는 차이의 장소를 축소시키는 것이다. 이것이 바로 모든 적대가 항상 차별적 위치성의 체계를 붕괴시키고 사회적 공간을 단순화시키는 경향을 갖는 이유다(256).

결론적으로 적대의 개념을 오늘날의 정치투쟁의 맥락 속에 자리매김하기 위해 나는 두 가지 문제들을 제기하고자 한다. 하나는 복수의 적대들이 좌익정치학이 이해해 온 전통적 의미에서의 선도정치를 창출할 수 없는 새로운 유형의 사회로 가는 도중에 있다는 점이다. 또 하나는, 기존에는 두 개의 진영으로 분리되었던 사회적 공간이 이제 확산(proliferation)됨으로써, 통일성과 동질성이 가정될 수 없는 새로운 정치 개념에 도달할 수 있을지의 전망이다(257).

◆ 비 평 : 새로운 사회운동과 차이의 접합 ◆

저자 라클라우는 우연성(contingency), 적대(antagonism), 헤게모니(hegemony) 등의 개념을 활용하여, 어떠한 사회구조도 전적으로 폐쇄되어 있지 않으며, 전위(dislocation)야말로 사회가 가진 본질적인 양상으로서 사회 변혁행위로의 길을 연다고 주장하고 있다. 사회관계의 구조는 모든 사회구성원들에게 영향을 주지만, 그로써 특정한 정체성을 전적으로 규정할 수는 없다는 것이다. 앞서 무페도 역설했듯이, 정체성은 다양한 사회적 적대들을 결합하고 연결하는 '정치적인 것(the political)'을 통해 사회 안에서 구성된다. 라클라우는 바로 이런 활동을 '헤게모니'라 부른다.

'전위주체들이 노동계급에서 그 객관적 운명을 읽고' 그럼으로써 노동계급에 일정한 존재론적 지위를 부여하는 "레닌주의적 맑스주의"는, 결정론적이고 본질주의적이다. 계급의 통일성은 상징적 통일성(symbolic unity)이라 보았던 로자 룩셈부르크에서, 라클라우는 그와는 '다른 맑스'

의 가능성을 처음 발견한다. 또한 경제적 계급주체와 정치적 주체성 사이의 일직선적이고 필연적인 연속성이 아닌 '접합'의 차원을 내다본 그람시나, '모든 종류의 사회적 관계는 상징적으로 구성된다'고 주장한 알튀세에게서도 또 다른 맑스를 발견한다.

사회의 질서란 단지 언제나 외부로부터 위협받고 있는 '차이들의 체계'의 불안정한 질서이다. 사회는, 그것의 부분적 과정들에 합리성을 부여하는 심층 기제로서는, 결코 존재하지 않는다. 실제로 헤게모니 투쟁이 발생할 수 있는 장소가 존재하는 건, 사실상 어떤 의미도 고정되어 있지 않기 때문이다. 이들에게서 정체성은 관계적이면서 동시에 자율적이다. 헤게모니는 정체성들 간의 필연적이면서 우연적인 관계들의 집합인 것이다.

하위주체는 말할 수 있는가?

▶ Can the Subaltern Speak?
G. C. Spivak, *Marxism and the Interpretation of Culture* (C. Nelson & L. Grossberg 편), University of Illinois Press, 1988

reviewed by | Soyoung Lee

저자 가야트리 스피박(Gayatri Chakravorty Spivak)은 1942년 인도 캘커타에서 태어나 캘커타 대학에서로 영문학 학사학위를 받고(1959), 미국으로 건너가 코넬 대학에서 문학 석사학위(1962)와 박사학위(1967)를 받았다. 독립 이후 인도 지식인의 첫 세대에 속하는 그녀는 포스트식민주의 담론의 대표적인 학자로, 1991년부터 콜럼비아 대학 문과대에서 Avalon Foundation Professor로 재직하고 있다. 아이오와대, 피츠버그대, 브라운대, 텍사스 오스틴대, 스탠포드대, 프랑크푸르트대 등 다수의 대학에서 강의했으며. 해체주의, 맑스주의, 페미니즘, 포스트식민주의, 문학이론, 문화비평 등을 아우르는 학문활동을 하고 있다. 자끄 데리다의 그라마톨로지(*De la Grammatologie*)를 영역/출간(*of grammatology*, 1976)함으로써 영미 학계에 해체주의 담론을 소개했다. *In other Worlds* (1987), *The Post-Colonial Critic* (1990), 그리고 *Outside in the Teaching Machine* (1993) 등이 대표적인 저서들이며, 최근에는 *Death of a Discipline* (2003), *Other Asias* (2005) 등을 출간했다. "*Can the Subaltern Speak?*"는 그녀의 대표적인 작업으로 탈식민주의의 창시적인 문헌으로 평가되고 있다.

I 오늘날 서구에서의 일부 가장 극단적 비평들은 (사실은) 서구적 주체(Subject of West), 혹은 주체로서의 서구(West as Subject)를 유지하려는 관심에 지향된 욕망에서 나온 것이다. 상징주체로서의 유럽역사는 서구의 법, 정치경제학, 그리고 이데올로기로 인해 내러티브화되었지만, 이러한 은폐된 상징주체는 자신이 지정학적인 결정요인들을 갖고 있지 않은 양 행세한다. 그리하여, 주권적 주체(sovereign subject)에 대한 (이미) 상당히 공론화된 비판이론 자체가 실제로 또 하나의 상징주체를 형성한다(272).

이러한 비판이론은 대개 프랑스 포스트구조주의에서 가장 많은 영향을 받았다. 이들은 첫째, 권력 · 욕망 · 이해관계의 네트워크는 다분히 이질적이어서 그것을 하나의 일관된 내러티브로 환원해서는 안 되며, 둘째, 지식인은 사회적 타자의 담론을 드러내 보이고 또한 알아야 한다는 점을 강조한다. 그러나 이들은 지성사 · 경제사에 자기들 스스로도 포함되어 있다는 문제와 이데올로기의 문제를 체계적으로, 혹은 의도적으로 도외시한다. 예컨대 노동운동에 대한 들뢰즈(Deleuze)적인 언급, 아니 정확히 말하면 추종은, 세계적 자본주의를 다룰 수 없다. 들뢰즈는 욕망, 권력, 주체성 사이의 관계들을 고려하지 못한다. 그러한 맥락에서 —이해관계를 이해하는 데 필요한 개념인— 이데올로기에 대한 이들의 무관심은 한편으론 놀랍지만 또 한편으론 일관성 있다(273). 이러한 프랑스 철학자들은 구성적 모순(constitutive contradiction)이라는 발상을 즐기지 못할 것이고, 이것이 그들이 좌파로부터 떨어져 나가는 지점이다. '욕망'이라는 이름으로, 그들은 (욕망과 이해관계가 일치하는) 분열되지 않은 주체(undivided subject)를 다시금 권력담론 안으로 끌어온다(274).

이 같은 프랑스 철학자들을 비판하기 위해서 우리는 맑스의 「루이 보나파르트와 브뤼메르 18일(The Eighteenth Brumaire of Louis Bonaparte)」을 새삼 읽어볼 수 있다(276). 맑스는 소농계급을 둘러싼 대변(proxy)과 묘사(portrait) 사이의 괴리[1]를 인지하였다. 또 그로 인한 소농계급의 역사적 모순성을 첨예하게 인식하였다. 즉 19세기 초반 프랑스 현실에서 프랑스 소농계급의 실제 경제적 관심사(의 묘사)와 그것을 '대변'해 준다고 믿었던 나폴레옹의 정치적 입장 사이에 상당한 거리와 모순이 있는 것이다. 다시 말해 '대변'이라는 기제가 종종 '묘사'처럼 행세하며, 이 둘은 공모관계에 놓인다는 것이다. 이 공모관계는 대변와 묘사를 혼동하지 않아야 비로소 온전히 인지될 수 있다(277).

Ⅱ

프랑스의 학풍을 받아들이는 미국 학자들은 일반적으로 푸코(Foucault)는 실제 역사와 정치나 사회문제를 다루는 반면, 데리다(Derrida)는 접근할 수 없을 정도로 내밀하고, 텍스트주의적이라는 식으로 이해하고 있다. 이글턴(Eagleton) 역시 "데리다 자신의 저작이 생경하리만큼 비역사적인데다 정치문제에 있어 회피적이며, 담론으로서의 언어를 망각해 온 사실을 부인해서는 안 된다"라 적고 있다. 또 엔더슨(Anderon)은 데리다가 사회현실을 탐색하는 데 전혀 투신하지 않았으면서 구조주의와 사회현실의 구축을 해체하는 데 아무 거리낌이 없었다며, 그가 레비스트로스나 푸코의 작업을 '기원에의 향수(nostalgia of origins)'를 가지고 있는 것으로만 (부당하게) 몰아갔다고 비판했다(291).

---

1) 여기서 전자는 누구누구를 정치적으로 대변하는 입장에서 말하는 방식을, 그리고 후자는 어떤 계층 자체의 경제적·일상적 삶과 관심사를 그리는 방식을 말한다. 맑스 스스로는 전자를 Vertretung, 그리고 후자를 Darstellung이라 표현했다.

'억압받는 자의 정치학'에 대한 실질적인 관심이 푸코가 갖는 호소력임은 사실이다. 그러나 나는 이런 관심이 지식인이나 억압받는 '구체적' 주체를 특권화하는 태도를 은폐할 수 있다고 주장하고 싶다. 데리다의 글은 읽기 어렵고 추상적이나, 그를 제대로 이해할 때 이는 억압받는 자로 하여금 스스로 말하게 해놓고선 부재하는 비재현자(nonrepresenter)의 가면을 쓰고 있는 제1세계 지식인들보다 덜 위험스럽다(292).

데리다는 20년 전에 쓴 그라마톨로지(Of Grammatology)에서, 해체가 적절한 실천을 이끌어낼 수 있는가의 문제, 즉 '인종중심적인 주체가 선택적으로 타자를 정의함으로써 자신을 확립'하지 않도록 하는 길이 무엇인지를 다룬다. 데리다는 내부를, 즉 자신의 주체-위치를 공고히 하는 타자를 생산하려는 유럽적 주체의 문제를 해결하기 위해 두 가지 특징적 가능성을 제안한다. 우선 데리다는 글쓰기, 가정/시민사회(라는 공간), 욕망 · 권력 · 자본화의 구조 사이의 어떤 공모관계를 설명한다. 그리고 나서 그는, 말로 표현될 수 없으면서 동시에 초월적이지도 않은 무엇인가를 지키려는 데리다 스스로의 욕망이 가지는 취약성을 드러낸다. 데리다가 식민주체의 생산을 비판하면서 제시하는, 바로 이 '말로 표현될 수 없으면서 초월적이지도 않은' (역사적) 장소는, 하위주체연구에 있어 특별히 의미 있는 지점이다(293).

타자를 형성하는 과정에서 나타나는 유럽의 인종중심주의를 비판하기 위하여, 데리다는 일부러 정치적인 선택보다는 니체적이고 철학적이며 정신분석적인 선택을 하고 있다. 나는 그가 타자를 유럽중심주의의 주변부로 형성하는 유럽적 주체의 경향을 분명히 짚어내고, 그 경향을 모든 이성중심적 노력들이 지니는 문제점으로 바라본 점을 중요하게 생각한다. 타자를 '인식'함으로써 타자를 통합하거나 '자비롭게' 타자에게 정체성을 부여하기보다는 차라리 하위계층의 경험을 '설명할 수 없는 빈 공간(여백)'으로 남겨 두는 편이 낫다는 점을, 그는 보여주었던 것이다. 데리다가 '타자들로 하여금 스스로 말하게 하기'보다는, '동일자를 강화하기 위한 타자'와는 구분되는 **완전한 타자**(tout-autre), 즉 우리 안에 존재하는 타자의 목소리인 저 내면의 목소리를 헛소리로 만드는(render delirious), 그리하여 실제 '바깥'에 존재하는 목소리를 실증해주는 타자의 관심을 끌거나 말을 걸려 한 것도 그러한 연유에서이다(294).

Ⅲ

그렇다면 하위주체[2]는 말할 수 있는가? 하위주체의 지속적인 구축을 경계하기 위하여[3] 지식인들이 해야 할 일은 무엇인가? 이 맥락에서 '여성'이라는 화두가 가장 문제시된다. 만약 당신이 '가난한' '흑인' '여성'이라면, 물론 이는 삼중적인 문제가 될 것이다. 그러나 상황을 제1세계적 맥락에서 포스트식민주의적 맥락으로 옮겨 놓는다면, 흑인이니 유색이니 하는 특징들은 설득력 있는 의의를 상실한다. 그렇다고 해서 제1세계 여성들과 제3세계 여성들이 다 같이 수용할 수 있는 정신분석적 알레고리를 찾는 것도 답이 아니다. (그 과정에서) 여성 하위주체는 언제나 그랬듯이 벙어리처럼 있을 것이다. 여성 하위주체

---

2) 원래 그람시(Gramsci)에 의해 사용되었던 하위주체 개념은, 생산위주의 자본주의 체계의 중심을 차지하던 프롤레타리아 계급을 포함하면서도 성이나 인종, 문화적으로 주변부에 속하는 사람들로 확장된다. 즉 프롤레타리아 계급의 이론적 가능성을 다층화하고 확대한 것이다. 여기서 스피박은 특히 젠더의 문제를 강조하면서, 복잡하고 다층적인 억압체계들 중에서 성, 인종, 하위문화의 범주들 어느 하나에 고정되는 획일적인 여성의 본질을 부정하려 한다. 그래서 서로 모순되고 타율적인 범주들로 인한 갈등이나 아이러니, 모호함 등을 있는 그대로 받아들여야 한다는 것이다.

3) 정치적 '-이즘'의 견지에서 실제로 대표할 진짜 노동자, 진짜 흑인, 진짜 여성과 같은 '진짜'가 존재하지 않음에도, 마치 이와 같은 대표단어들이 모든 노동자나 흑인, 여성을 대표하는 듯 쓰여지는 하위계층의 집단화와 대표화를, 스피박은 경계하고 있다.

의 의식에 대해 묻는다는 건, 이처럼 쉬운 일이 아니다(295).

여성으로서 하위주체가 말할 수 있는가의 질문에 직면하여 하위주체에게 목소리를 주려는 노력은 위험에 노출되는데, 나는 "백인 남자가 황인종 남자에게서 황인종 여자를 구해주고 있다"는 문장을 두고 이를 풀어볼까 한다(296). 힌두 과부는 죽은 남편의 장작더미에 올라가 거기서 스스로를 희생시킨다. 이것이 이른바 과부희생(산화)이다(산스크리트어로 sati이고, 이후 식민영국에서는 suttee로 표기하였다). 이 의식은 광범위하게 실천된 것도, 그렇다고 특정 신분이나 계급에만 고정된 것도 아니었다. 영국이 이 관습을 폐지한 것은 '황인종 남자로부터 황인종 여자를 구해 준 백인 남자'의 사례로 일반적으로 이해되었다. 19세기 영국 선교사들의 기록에서부터 미국 페미니스트 데일리(Daly)에 이르기까지, 어떤 백인 여자들도 이와 다른 대안적 이해를 보여주지 않았다. (한편) 이에 대한 반작용으로 인도에 있었던 토착 논의는 '여자들이 실제로 죽고 싶어했다'는 것인데, 그건 잃어버린 기원에 대한 향수[4]라 하겠다(297).

좋은 사회의 확립자로서 제국주의의 이미지는 여성을 같은 종족으로부터 보호받아야 할 대상으로 감싸는 이미지이다(298). 그러나 실제 영국의 백인 제국주의자들은 인도의 과부희생 관습을 야만적인 범죄로 보고, 그것으로부터 인도여성들을 구해줌으로써 식민지사회를 훌륭한 근대사회로 만들어보겠다고 하다가도, 최종 순간에는 합리적이고

4) 이는 토착민족주의자들에게만 해당되는 게 아니고, '진정한' 제3세계적 주체에의 노스탤지어는 많은 부분 서구에서 비롯된다고, 스피박은 지적한다. 즉 서구의 많은 급진주의자들은 마치 토산물을 비싼 가격에 구입하기를 원하는 소비자처럼, 토착적인 제3세계가 자기네들의 자비로운 관심의 대상이 될 수 있게끔 '진짜' 순수하기를 원했다. 또한 식민주의자들도 자신들이 서구 문명을 강제로 식민지에 이식함으로써 구제한 '고귀한 야만인'을 향해 역설적 노스탤지어를 품고 있다는 것이다.

이성적인 관점에서 여성들의 자유의지를 존중한다는 식으로 과부희생을 묵인함으로써 가부장제 사고방식을 공고화한다. 이것만 보더라도 제국주의는 색의 차이, 즉 유색인종에 대한 단순한 편견과 동일하지 않음이 드러난다(299).

또한 과부희생의 관습 자체도 인구조절에서부터 공동체의 여성혐오에 이르는 요소들과 연결된다. 이를테면 18세기와 19세기 벵골 지역에서 이 풍습은 두드러지게 만연해 있었는데 그건 인도의 다른 지역들과 달리 벵골에서는 과부가 재산을 상속할 수 있었기 때문이다. 영국인들이 불쌍한 인도 여자들이 죽어나간다고 바라보았던 그 문제는, 사실은 이데올로기적 전쟁터(battlefield)의 문제였다. 역사가 케인(Kane)의 분석대로, "벵골에서는 아들 없는 집안의 과부에게 고인이 된 남편이 그 가문에서 보장받는 권리와 사실상 똑같은 권리가 주어진다는 사실은…살아 있는 식구들로 하여금 그녀가 가장 (감정적으로) 고통스러워하는 틈을 타 그녀의 남편에 대한 사랑과 헌신을 호소함으로써 죽어 없어지도록 수차 부추겼던 게 분명하다"(300).

한편 자비롭고도 계몽된 남자들은 이 문제에서 여성의 자유로운 선택의 '용기'에 동조했다. '근대 인도는 사티관습을 합리화하지는 않는다. 다만 사티가 된 여자들의 냉엄하고 굽힐 줄 모르는 용기를 찬양하고 존경하는 마음을 표현한다고 하여 인도인들을 비난하는 건 왜곡된 심성이다'라고 보는 것이다. 여기서 료따르(Lyotard)가 differend라 부른, 분쟁에 있어 한 담론 형태로부터 다른 담론 형태로의 접합불가능성과 번역불가능성은 생생하게 예증된다. 영국이 이교도적 의식으로 바라보았던 담론이 범죄로 바라보는 담론으로 옮겨가면서, 여성의 자유에 관한 하나의 분석은 다른 형태의 그것으로 대체되었다. 이처럼 우리는, 자유에 관한 서로 경쟁하는 두 견해들 안에서 볼 때, 삶에서의 여성주체 형성 자체가 differend의 장소임을 확인할 수 있다(301).

◆ 비 평 : 제3세계와 하위주체 ◆

이 논문은 주체를 문제삼은 최근 서구의 시도들을 비판하는 데서부터 시작하여 제3세계 주체가 서구 담론 안에서 어떻게 재현되는지에 관한 논의로 나아간다. 그 과정에서 저자는 주체의 보다 근본적인(radical) 탈중심화가 사실은 맑스(I)와 데리다(II) 양자에게서 발견된다는 점을 보여주고, 서구의 지적 생산물들이 여러 측면에서 서구 스스로의 국제경제적 이해관계와 공모하고 있다는 점을 밝혀내려고 한다. 마지막에는 '서구담론'들과 '여성 하위주체(subaltern)에 대해(혹은 위해) 이야기할 수 있는 개연성' 사이의 관계에 대한 대안적 분석을 제공하고 있다.(III) 여기서 저자는 인도의 사례에서 구체적인 실례를 끌어와, 대영제국에 의해 단행된 과부희생(widow sacrifice) 풍습 폐지의 역설적인 상황을 예로 들어 논하고 있다.

오늘날의 권력관계와 그 안에서 서구 지식인의 역할에 대해 이해하기 위해서는, 재현이론(theory of representation)과 세계자본주의 정치경제학 간의 교차점(intersection)에 관한 검토가 필요하다고, 저자는 이야기한다. 이에 저자는 맑스의 「루이 보나파르트와 브뤼메르 18일(The Eighteenth Brumaire of Louis Bonaparte)」의 '다르게 읽기'를 수행한다.

또한 스피박은 자신의 다른 논문 「시르무르의 라니(The Rani of Sirmur)」에서 예로 들었던 과부의 자기희생, 즉 사티에 관한 논의를 이 논문에서 한층 심화시킨다. 과부의 자기희생 관습은 힌두교의 종교법에서 금지하고 있는 '자살' 행위이기보다는 신성한 행위로서 종교규범 내부에 미리 규정되어 있는 것이 아니라, 과부 자신이 지닌 욕망의 예외적인 기표라 할 수 있었다. 그러나 영국 식민지 법제에서 사티는 그런 예외적 기표로서의 의의는 사라진 채 야만적이고 비인간적인 관습으로 재현된다. 이런 맥락에서 백인 남자가 유색인 남성으로부터 억압받는 유색인 여성을 구하는 판타지는 여기서 비롯된 것이라고 분석된다. 스피박은 그러한 영국의 식민주의적 재현이 힌두 여성들의 '목소리'를 입막음하고, 그들을 단지 '가부장적 폭력에의 수동적 희생자'로 몰아간다는 점을 밝힌다. 그러한 지배적인 재현치계 속에서 하위주체는 재현되지 못하고, 그렇기에 스피박이 단언했듯이 '하위주체는 말할 수 없'는 것이다.

다만 여기서 스피박의 푸코 이해에는 동의하기 힘든 측면이 있다. 스피박은 푸코나 들뢰즈가 주체의 구성을 욕망의 문제로 단순화시킨다고 비판하였다. 즉 욕망과 이해관계의 비대칭적 관계를 안이하게 처리함으로써 이들은 분열된 주체를 보지 못하고, 분열되지 않은 주체가 아무런 매개 없이 스스로 저항하고 자각하며 말할 수 있다는 가설에 빠지게 된다는 이야기이다. 그러나 이는 프로이트나 라깡식의 '동일시를 통한 주체화'에는 해당될지 몰라도 푸코나 들뢰즈에 대해서는 적합하지 않은 비판이라 보인다. 이들은 동일시의 '욕망'의 존재여부와 관계없이 '권력'적 기제들에 의해 주체화되는 측면, 즉 '동일시 없는 주체화'를 분명 인식하고 있었기 때문이다. 실제로도 스피박이 최근 논문들에서는 푸코에 대한 자신의 비판을 철회한 바 있다고 한다.

인류학, 법 그리고 초국가적 작용

▶ Anthropology, Law, and Transnational Processes
S. E. Merry, *Annual Review of Anthropology* 제21권, 1992

reviewed by | Cheayun Jung

저자 샐리 메리(Sally Engle Merry)는 웨슬리 대학의 인류학, 윤리학 교수이며, Peace and Justice Studies Program의 공동편집자이다. 또한 1993년에서 1995년까지 법과 사회 협회(Law and Society Association)의 회장을 역임했다. 그녀의 최근 연구들은 국제인권법이 중국, 인도, 나이지리아, 그리고 페루에서 어떻게 해석되고 있는지에 대한 것이다. 그녀는 이외에도 여성의 인권, 인권의 지방화(localizing) 과정, 법 이데올로기, 인종과 계급, 분쟁 해결, 조정(내지 중재), 도시의 윤리적 관계, 법다원주의, 그리고 법과 식민지주의에 대한 다수의 인류학 논문들을 발표했다. 그녀의 작품인 *Colonizing Hawaii: The Cultural Power of Law*(2000)는 법과 사회 협회로부터 2002년 J. Willard Hurst Prize를 수상한 바 있다. 그녀의 대표적인 작품으로는 *Law and Empire in the Pacific: Fiji and Hawai'i*(2004), *The Possibility of Popular Justice: A Case Study of American Community Mediation*(1993), *Getting Justice and Getting Even: Legal Consciousness among*

Working Class Americans (1990), and *Urban Danger: Life in a Neighborhood of Strangers* (1981) 등이 있다.

I

지역사회를 이해하는 데 있어서 국가 내지는 초국가적 상황을 파악하는 것이 점차 중요해지고 있다. 특히 국가법과 초국가적 규율이 어떻게 지역사회를 관통하며 영향을 주는지가 관심의 초점이 되고 있는 것이다. 초국가적 현상들은 지역의 법적 상황을 다양한 방향으로 형성하고 있다. 식민주의는 국경을 넘어 매우 상이한 사회문화적 체계들이 만나도록 강제했다. 이전에는 자율적이고 고립되어 있었던 토착민들이 유럽인의 수 세기에 걸친 확장정책을 통해 단일국가 단위로 흡수되게 되었고 이러한 과정들은 다인종 사회로 이끌었다. 이를 통해 다양한 체계를 통합하고 표준화하려는 노력이 기울여졌지만, 이에 대항해 기존의 토착민들은 그들 고유의 자율적인 법적 시스템을 고수하고자 했다.(357) 하지만 몇몇 민족들은 적극적으로 서구의 법체계를 수용하고자 하였고 결국 치안, 사법, 행형, 분쟁해결 등의 메커니즘에 있어서 지역의 법질서는 국제적 기구와 규제에 점점 더 밀접하게 관련을 맺게 된다.

과거에는 이러한 지역적, 국가적, 초국가적 법 시스템의 공존이 법다원주의로 단순히 이해되었다. 그러나 이러한 일반적인 이해는 이들 체계간의 상호작용을 간과하기 쉽다는 지적이 일게 되었다. 오늘날 다원적인 법체계는 서로 배타적이고 분리적인 것이 아니라 상호적이고 구성적인 체계로 이해되고 있다. 즉 이러한 다원성은 모든 사회에서 발견할 수 있는 근본적인 성격이며 초국가적 단계로의 이행과정을 보여주는 것으로 이해되고 있는 것이다.

국가법과 다른 규범적 질서와의 변증적이며, 상호적이고, 구성적인 관계는 사회적 질서 기반의 상호연결점을 강조하고 있다. 곧 국가

법이 다른 규범들을 재구성하는 과정과, 다른 한편 비국가적 규범들이 국가법의 통제에서 벗어나 독자적인 영역을 확보해나가고 심지어 국가법에도 영향을 미치는 과정을 중요하게 여기는 것이다(358).

II 1970년 네이더(Nader) 이후 활성화된 지역사회의 분쟁해결에 대한 연구들은 사회문화적 체계에 대한 연구에 있어서 민속지가 어떠한 연구성과를 가져다줄 수 있는지를 잘 보여주었지만, 국가적 또는 초국가적 맥락을 명백하게 조명해주지는 못했다(359).

오늘날 법인류학의 새로운 요소를 네 가지로 정리해보자면 다음과 같다. 첫째, 국가적 내지 초국가적 맥락에 대한 관심이 증대되었다. 둘째, 법적 기관과 법 행위자들이 어떻게 법적 의미를 창출해 가는지, 이러한 법적 의미들이 사회적 관계를 어떻게 반영하는지, 법적 절차의 근본적인 영역에 문화가 어떠한 영향을 미치는지와 같은, 문화적 분석에 대한 관심이 증대되었다. 셋째, 기존의 정적인 이해를 넘어서 공존하는 다수의 법 시스템과 이들의 상호연결을 이해하는 법다원주의가 재조명되고 있다. 법과 문화의 상호연결이 더 중심적 위치에 자리잡게 되면서 법다원주의는 상이한 문화적 관습과 담론 사이의 관계를 반영하도록 재정의되어야 했다. 넷째, 법이 권력을 어떻게 형성하고 또 해체하는지에 관심을 갖게 되었다. 법은 단순한 사회적 통제기제를 넘어서, 사회의 공정성과 정당성에 대한 이데올로기를 형성하고 동시에 또 다른 한편에서는 그러한 통제에 저항하기 위한 언어와 포럼을 제공한다(360).

이러한 법인류학은 국가적 내지 초국가적 상황의 맥락을 충분히 반영하지 못한 분쟁과정 쟁점에서 벗어나, 점차 초국가적 세계에 적합한 이론적 모델로 나아가고 있다(361).

Ⅲ-1 **식민주의와 탈식민주의의 상황** 식민주의는 광범위한 영역에서 일어난 초국가적 과정이다. 18~19세기 유럽과 미국의 제국주의로 인해 유럽의 법적 체계가 아프리카, 아시아, 그리고 환태평양 등지에 첨가되었다. 이러한 서구의 법제는 식민지배 국민들을 전형적으로 문명화할 것으로 기대되었다. 이는 토착민들의 삶, 노동, 토지 소유 관행, 분쟁해결 방법에 있어 완전히 새로운 형태를 취하도록 만들었다. 코마로프(Comaroff)는 서구법이 시간과 공간, 노동, 재산, 결혼 그리고 가정에 대한 개념을 창조하는 문화와 의식에 작용하였다고 주장했다. 결과적으로 상이한 법적 체계들이 권력적으로 불평등한 채 공존하게 되었다. 탈식민국가들은 식민지배 상태에서 통합된 법적 체계와 식민지배 이전의 토착법 사이의 간극을 극복하는 데에 많은 고민을 해야 했다(363).

식민법(Colonial Law)은 자본주의를 이식하면서 정규노동시간을 설정하고, 일의 실패에 대해 징계하고, 축제와 각종 여가활동을 불법화하였다. 또한 일부다처제와 가족의 삶에 관계하는 다른 관습들을 불법화하였다. 차터지(Chatterjee)는 가족 관습에 대한 이러한 공격은 식민지배 국민의 관습을 모욕하고 여성을 보호하겠다는 명목하게 이루어졌다고 주장했다. 또한 서구의 개인 소유권이라는 개념이 도입되면서, 이전의 공동소유 토지가 개인적 재산소유로 전환되게 되었다.

식민정부는 '관습법(customary law)'이라고 이름 붙여진 기존의 전통적, 토착적 법을 통해 제3세계의 국민들을 복종시키고자 했다. 이러한 관습법을 이행한 '원주민 법원(native courts)'은 식민지배 이전의 순수한 유물이 될 수 없었다. 무어(Moore)는 Chagga의 식민법을 분석하면서, 관습은 고정적이라는 기존의 틀에서 벗어나, Chagga의 부족민들은 변화하는 세상에 적응할 수 있도록 그들의 관습을 새로운 형태로 바꾸고, 동시에 그것의 과거 모습을 일부분 보유해왔다고 주장했다.

식민지배 이전의 Chagga 법에서는 발견할 수 없었던 대출, 현금 거래 등에 대한 개념을 관습법원이 형성해왔던 사례를 예로 들 수 있다 (364).

아시아, 아프리카, 중동 등의 관습법이 발전해 온 과정을 살펴보면, 이들은 민감하고 융통성 있고 상황에 적응하는 형태에서, 고정적이고 형식적인 규율 시스템으로 변모(성문화, 법전화)해 왔다는 점을 알 수 있다. 또 표면상으로는 전통적 법에 기반하는 것으로 보이더라도, 이를 해석하는 과정에서 서구의 관점이 등장하였다. 구체적이고 구어(spoken language)에 의존하는 기존 체계에서 추상적이고 문어(written language)에 의존하는 체계로 옮아오게 된 것이다(365).

Ⅲ-2 다원적 법질서 사이의 지역적/국가적/초국가적 충돌 무어는 지역의 법 영역을 '반—자율적인(semi-autonomous)' 영역이라고 말한 바 있다. 이는 지역사회의 법이 어떤 점에서는 국가적, 초국가적 법질서에 의해 구조가 짜여지는 반면, 지역적 규율을 부과하고 문화적 의미를 창조하는 데 있어서 자율적인 영역도 확보하고 있기 때문일 것이다. 정부는 통합적이고 일관된 결과를 만들어내기 위해서 지역 법원을 설립하고, 동시에 지역사회의 사람들은 이러한 지방 법원을 이용하면서 그들 자신만의 특유한 관습을 발전시킨다. 또한 지역사회의 토착민들은 국가법의 확대에 저항하여, 대신 비공식적인 대체분쟁해결수단을 선호하는 경향이 있다(366).

Ⅲ-3 민중(대중)재판 민중재판(Popular Justice, 또는 people's court)도 초국가적인 측면을 반영한다. 민중재판이란 지역 법원으로서 한편으로는 지역사회에 강한 유대를 맺고 있으면서도 초국가적인 이데올로기에 의한 영향을 받는다. 미국의 지역사회재판기관(Community justice institutions)은 본래 아프리카, 멕시코, 그리고 아시아에서 그 원형을 찾을 수 있다.

민중재판은 곧 국가법과 지역규율 양자의 중간에 위치하고 있다고 볼 수 있다. 이는 다원적인 법질서 간에 중재를 꾀하며, 자기 자신만의 자율적인 판단영역을 상대적으로 확보하고 있다. 이들은 종종 분쟁해결의 토착적 형태를 따라 이름이 붙여진다(예컨대 필리핀의 katarungang pambarangay, 미국의 Neighborhood Justice Centers, 스리랑카의 노동쟁의조정위원회 등).

때때로 정부는 일반인의 접근을 용이하게 하고, 전통적인 법을 되살리기 위해서 민중재판을 만들기도 한다(367). 이들이 가지는 독특한 성격 때문에 지방사회의 권한과 국가권한이 마찰을 빚기도 한다.

Ⅲ-4 토착적 권리, 인권, 그리고 주권 민족국가 안에서 자신들을 소수자라고 생각하는 토착민들은 종종 초국가적인 인권담론이나, 조약에 기한 권리, 또는 자결권을 근거로 하여 자신들의 법적 권리(토지권, 생존권)를 주장한다. 유엔의 1948년 인권선언과 민족자결권, 반식민주의에 대한 선언은 실질적으로 토착민 집단의 담론과 정치를 형성하는 데 영향을 미쳤다. 아이러니컬하게도, 유럽인들이 지배하는 선진산업국가의 토착주민들은 법적 주장을 할 때, 자신을 지배했었던 유럽국가의 법적 체계가 제공하는 법적 사고와 용어를 사용하게 된다. 이렇듯 토착민들의 법적 청구가 문제된 소송절차에서 법률가들과 함께 인류학자들이 중요한 역할을 했다는 점을 상기할 필요가 있다. 토착민들은 서구 법의 권리 개념을 사용하는 과정에서 자신들의 관습과 융합하여 스스로 수정을 가하기도 한다(368). 따라서 국가적, 초국가적 맥락은 토착민 집단이 자신들의 땅, 자원 그리고 주권을 유지하고 반환을 요구하는 데 중요하게 작용했다. 식민지배를 거쳐 공동소유에서 사

적소유로 법적 체계가 전환되었고, 이에 따라 집단적 토지소유를 상실한 하와이의 토착민들은 기존의 공동소유권에 대한 인식을 회복하여 자신들의 토지소유소송에 적용시킬 수 있었다. 이들은 사적으로 땅을 일정량 소유하는 것보다는 그로 인해 얻어지는 생산물에 대한 소유권이 훨씬 더 중요하다고 인식하기 때문에, 서구와는 공동소유권에 대하여 다른 이해를 갖고 있다. 파커(Parker)는 땅과 물에 대한 권리를 이해하는 데 있어 미국인과 아메리카 원주민(Native American), 하와이 원주민이 어떻게 다른지 비교 분석하면서 이를 밝혀내었다.

법인류학자들은 또한 문화적으로 민감한 보편적 인권 개념의 가능성에 대해서도 탐구한다. 여기에 관심을 기울이는 이유는 식민지배를 겪은 이들이나 이들과 유사한 집단의 법적 주장을 지지해줄 수 있기 때문이다. 인권은 다수 정책들 간의 담론으로 이해될 수 있을 뿐만 아니라, 다양한 권리들을 주장하는 사람들의 수사적(rhetorical) 전략이 되기도 한다. 보편적이고 초국가적인 인권에 대한 주장은 인류학이 전통적으로 가지고 있는 문화상대주의적 성격에 대한 중대한 도전이 되고 있기도 하다(369).

인류학자들은 특히 분쟁과정, 비공식적 포럼, 그리고 지역 법원에 초점을 맞춘 전통적이고 토착적인 지역사회 삶의 영역에 치중하여 연구를 전개해 왔다. 이런 과정에서 그들은 광범위하게 초국가적으로 영향을 받는 법적 기구들(치안행정, 행형, 법률실무가, 행정 규제, 세금, 사회보장체계)에 대하여 간과한 측면이 없지 않다. 지방 법원들은 초국가적 시스템과 접하기 전부터 실재하던 것이었지만, 제3세계에서 이들 기구들은 초국가적 과정의 직접적인 결과물이라고 볼 수도 있다(371).

IV

1990년대의 법인류학적 연구는 지역사회를 연구하는 데 있어 점점 더 초국가적 과정을 고려해야 한다는 점을 일깨웠다. 이는 식민지배 동안 외국의 법체계가 남긴 유산, 거대한 규모의 민족국가에서 이전의 자율적인 사회가 영속하고 있는 상황, 국제적 규제와 선언의 영향 등에 대한 분석을 포함한다. 나아가 다민족 사회에서 법체계는 집단들의 정체성을 정의해주는 상징적이고 비판적인 역할을 수행할 수도 있다. 주권의 요구는 자신들의 집단성과 민족의식을 표상하는 자율적인 법체계에 대한 욕구를 포함한다. 국가적, 초국가적 과정은 규율과 과정에 대한 전세계적 커뮤니케이션과 함께 다국가적(multi-national) 법질서로의 진행을 이해하는 데 많은 도움을 제공할 수 있을 것이다.

이러한 상황에서, 상호적이고 구성적인 법적 질서의 모델은 지역사회를 이해하는 데 가장 효과적인 이론적 틀이 될 것이다. 규범적 질서 간의 관계를 상호적이고 구성적인 것으로 이해하는 것은 법다원주의를 이해하고, 지배적인 집단과 종속적인 집단 사이의 관계를 설명하는 데 유용하다. 또한 이를 통해 법질서가 사회를 지배하고, 동시에 개인이나 집단이 이에 대해 저항하는 상황에 대해서도 생각해볼 여지를 마련한다. 다원적 질서에 대한 관심은 국가법의 이데올로기적 권력에 대한 한계를 검토하고, 국가법이 아직 침투하지 못하고 대체적인 규율형태가 지속되고 있는 영역을 알려줄 수 있다(371~372).

◆ 비 평 : 초국가적 법체계와 법인류학의 역할 ◆

이 논문에서 밝히고 있듯이 인류학에서의 기본적인 법다원주의 이해는 국가의 공식적 법뿐만 아니라 사회의 비공식적 법체계도 중요한 문화로서의 법으로 인정하는 것이다. 예컨대 의료법의 경우, 생활세계에서 끊임없이 발생·변화·소멸하는 의료인격, 의료행위의 다원성을 인정함으로써, 공식적으로 인정된 전문적 의료영역뿐만 아니라 생활세계에서 자연발생적으로 펼쳐지는 의료적 행위의 공간 역시 중요한 의료법의 영역으로 포함할 필요성이 생기게 된다.

이러한 법인류학적 다원주의는 초국가적 영역으로 법과 문화가 성장해 나가고, 특히 인권이 세계화되어가는 오늘날, 더 큰 의의를 가진다. 근대적 인권개념과 같이 고정되고 절대적인 권리가 세계화된다면, 각국의 주권뿐만 아니라 다양한 문화권(예컨대 서구와 비서구) 사이의 인권개념에 대한 충돌이 불가피해진다. 이러한 초국가적 인권에 대한 올바른 접근방식을 법인류학적 다원주의에 대한 통찰을 통해 얻을 수 있다. 공식적인 국가법 체계와 상호작용하며 만들어지는 비공식적(비국가적) 규범과 그 규범을 형성해내는 절차적 과정을 중요시하는 법인류학적 다원주의의 맥락에서, 문화로서의 모든 법은 초국가적 차원에서 이질적이고 다원적인 구성원들 사이에 민주적으로 교류되고 비판적으로 수정될 수 있다.

예컨대 초국가적인 인권문제로 여겨질 수 있는 여성할례를 생각해 보자. 법인류학적 다원주의에 바탕을 둘 때, 여성할례는 일방적으로 인권침해라고 간주될 수 없고, 하나의 문화적 전통으로 인정될 수 있다. 다만 여성할례 자체를 인권 억압적이라고 볼 수는 없다고 할지라도, 할례를 고수하는 오도된 민족주의와 자발적으로 형성된 전통은 분명 구별되어야 할 것이다. 여성할례에 관해 서구사회가 야만적으로 바라보는 일방적 잣대도 지양되어야겠지만, 그 토착사회 안에서도 변화의 과제는 남겨져 있는 것이다. 따라서 여성할례에 대해서 서구의 인도적 개입이라는 정치적 지배로 나아가서는 안 되며, 그 사회 내부에서도 이데올로기를 비판하고, 이를 재생산해내는 메커니즘을 타파하여 성찰적 공론장을 마련할 수 있어야 한다.

법다원주의의 비본질주의적 버전

▶ A Non-Essentialist Version of Legal Pluralism
B. Tamanaha, Journal of Law and Society Vol.27 No.2, June 2000

reviewed by | Yoonyoung Min

저자 브라이언 타마나하(Brian Tamanaha)는 세인트 존스 대학의 법과대학 교수이다. 오레곤 대학에서 학사학위를 받고(1980), 보스턴 대학의 법학대학원에서 J.D.를 취득했다(1983). 그 후 Walter E. Hoffman 판사의 서기로 활동하는 등, 다양한 실무 활동을 하기도 했다. 이후 법철학을 전공으로 하여 하버드 법과대학원에서 법학박사(S.J.D.)를 취득했다(1992). 최근 저서로는 *Law as a Means to an End: Threat to the Rule of Law*(2006), *On the Rule of Law: History, Politics, Theory*(2004)가 있으며, *A General Jurisprudence of Law and Society*(2001)로 Inaugural Dennis Leslie Mahoney Prize, Herbert Jacob Book Prize를 수상했다. 세인트 존스 대학의 교수로 임용되기 이전에는 암스테르담 대학에서 조교수로 재직했다. 현재 불법행위법, 법이론, 비교법 그리고 전문가책임이론 등을 강의하고 있다.

I 도입: 법다원주의라는 개념의 개관과 그것의 문제점

많은 뛰어난 법사회학자들, 이를테면, 무어(Moore), 피츠패트릭(Fitzpatrick), 코터렐(Cotterrell), 토이브너(Teubner), 산토스(Santos), 메리(Merry), 시바(Chiba) 등은 법다원주의에 대한 충성을 선언했다. 그것은 '법의 포스트모던적 관점의 핵심 개념'이라고 칭해진다(296). 법다원주의에 대한 확고한 의견들과 명백한 만장일치에도 불구하고 그 개념은 풀리지 않은 두 가지 문제들을 함유하고 있다. 분석적 문제가 하나이고, 수단적 문제가 다른 하나이다.

분석적 문제들은 법다원주의의 핵심으로 들어가며 두 측면으로 이루어져 있다. 우선, '법이란 무엇인가'에 대해 일치된 견해가 없다는 점이다. 그렇기 때문에 법이 다원적으로 존재한다는 그 주장은 우리에게 법다원주의의 다원성을 남기며, 법이 무엇인지에 대한 문제가 해결되기 전까지는 법다원주의라는 개념은 튼튼한 기본을 가지지 못할 것이다(297).

법다원주의자들은 다음의 전제에 동의한다: '법과 관련된 모든 현상들과, 법과 유사한 모든 것들이 그들의 근본을 정부에 두고 있는 것은 아니다'. 이러한 '법이 무엇인가'에 대한 지나치게 관용적인 관점은 모든 형태의 사회통제가 법이라는 결론으로 치달을 위험을 가져올 수 있다(298). 법다원주의자들에 의해 제공된 법의 정의가 법과 사회생활을 구분하고, 법 규범과 사회 규범을 구분하는 것에 무능하다는 것이 분석적 문제의 두 번째 측면이다.

수단적 문제들은 분석적 문제들의 기능이다. 사회 현상들에 대한 주의 깊은 스케치를 가능하게 하는 기본적 개념에 대한 동의 없이는, 관찰을 누적하거나 데이터를 모으는 것은 불가능하다. 결과적으로, 법다원주의라는 개념의 사용가치는 상당히 의문스럽다. 이러한 결함에도 불구하고, 법다원주의는 한 가지의 수단적인 성공을 했는데, 그것은 법중앙주의의 이데올로기에 맞서 싸운 것이다. 나는 이런 문제들의 핵심적인 원인이 법다원주의자들에 의해 제공된 법 개념이 본질주의적인 것이기 때문이라고 본다(299). 따라서 나는 본고에서 법다원주의의 개념을 법의 비본질주의적 버전에 바탕을 두고 재구성할 것이다(300).

Ⅱ 법개념과 기능적 분석의 일반적인 문제점 법을 정의하려는 모든 시도들은 두 개의 범주로 분류될 수 있다: 하나는 법이 '사회집단들 안에서의 행동의 확고한 패턴'이라고 보는 것이고, 다른 하나는 '제도화된 규범의 강제'라고 보는 것이다. 두 범주 모두 사회질서의 유지를 중심으로 전개된다. 이러한 법의 기능-바탕적인 정의는 위에서 언급한 두 개의 범주와 관련 있는 두 가지 갈래의 곤란을 겪는다.

첫 번째는 법을 행동의 패턴에 바탕을 둔 질서로 정의할 때, 이런 정의는 일찍이 언급된 경향인, 모든 사회 현상을 '법'으로 라벨짓는 결과를 가져올 수 있다. 이것은 기능 대안성(functional alternatives)을 간과한 것이다. 기능 대안성이 존재할 때, 하나의 현상은 그것이 수행하는 기능만으로 배타적으로 정의될 수 없다. 왜냐하면 기능만으로는 같은 기능을 수행하는 다른 현상들과 구별될 수 없기 때문이다. 따라서 다른 기준이 명확해져야 한다. 이러한 문제점 때문에 베버(Weber)나 하트(Hart) 등 사회학자들은 법을 규범의 제도화된 강제로 정의하고자 한다. 이러한 두 번째 법 정의의 유형은 국가법 모델로부터 추출된 것인데, 이것은 또 다른 문제점으로 이어진다. 법이 종종 사회질서의 주요한 근원이 아니며, 그뿐 아니라 사회질서를 유지하는 것 이상의 일들을 하기도 한다는 점이 그것이다. 마지막으로, 법이 항상 기능적이라고 가정하는 것은 옳지 않은데, 법이 존재함으로써, 혹은 법에 호소함으로써 오히려 사회질서의 분열을 불러오기도 하기 때문이다(301). '사회질서의 가장 주요한 근원'이라는 법의 가정된 기능을 바탕으로 법을 정의하는 것은 위와 같은 이유에서 잘못된 것이다.

Ⅲ 산토스의 법과 법다원주의의 개념

산토스는 법을 "규제된 절차와 규범적 기준들의 본체이며, 어떤 집단에서도 정당하게 여겨지고, 논쟁을 생성하고 막는 데에 기여하며, 논증적인 담론을 통해서 화해를 하는 데 기여하고, 힘의 위협과 짝지어져 있다"고 정의했다. 그의 법 정의는 '규범의 제도화된 강제'의 카테고리에 포함된다. 산토스의 정의는 기능주의적이며 본질주의적이다. 그는 이렇게 넓게 법을 정의하는 것이 법의 진부화를 가져올 수 있다고 인정한다. 그러한 법의 과잉을 막기 위해 그는 '사회 관계들의 여섯 가지의 구조적 덩어리'에 집중한다(302): 가정의 법(domestic law), 생산의 법(production law), 교환의 법(exchange law), 공동체의 법(community law), 영토의 혹은 국가의 법(territorial or state law), 그리고 체계의 법(systemic law)이 그것이다. 산토스는 각각의 법들이 종종 겹치기도 하며 서로 침투한다고 한다. 산토스는 사회 생활의 대부분이 법이라고 대답한다. 그의 각 덩어리의 경계는 매우 불확실하다(303). 또한 그는 사회 규범들을 '법'으로 포함하는 것에 주저하지 않는다.

가족과 같은 비공식적이며, 규범적인 관계에 법의 이름을 붙임으로써 분석적으로, 혹은 수단적으로 무엇을 얻을 수 있는가는 확실하지 않다. 오히려 낯선 용어의 사용으로 인한 혼란이 생길 것이고, 더 중요하게는 정치적으로 지불해야 할 대가가 있을 것이다. 예를 들어 국가법으로는 아내 구타가 금지되어 있고 문화적으로는 허용되는 곳이 있다고 생각해보자. 산토스의 관점에 따르자면 가정법에 의해서는 아내 구타가 허용되는 것이 되고, 아내를 때리는 남편은 '가정법'에 따라서 자신의 권리를 정당화하는 데 수사적인 권위를 가지게 된다(304). 많은 법다원주의자들은 법중앙주의에 대한 반발로 비국가적인 규범체계를 낭만화하는 경향을 지니고 있다(305).

IV 토이브너의 법다원주의에 대한 자기생산적 접근 토이브너의 작업은 법에 대한 비본질주의적 접근의 시작점을 제공한다. 그는 '언어학적 전환'을 제시한다(306). 자기생산에 따르면, 법은 합법/불법의 쌍을 이루는 소통적 코드가 사용되는 모든 담론들로 이루어져 있다. 법을 정의하는 이러한 접근은 사회 관습과 도덕 규범들은 배제하는데, 그 이유는 그들이 합법/불법의 이진코드에 기반하지 않기 때문이다. 토이브너에 따르자면 법다원주의는 더 이상 충돌하는 사회 규범들의 집합이 아니라 사회적 활동을 합법/불법의 이진코드 아래에서 관찰하는 다양한 대화적 과정들의 다양성으로 정의된다. 또한 그는 구조나 기능이 아니라 이진코드가 지역적 혹은 세계적인 법다원주의를 정의한다고 했다.

토이브너의 이론은 법을 법이 아닌 것으로부터 구별하는 날카로운 수단을 제공하며, 법의 다양한 기능들에 대한 보다 넓은 관점을 허용함으로써 기존의 법다원주의자들의 법 정의가 가지고 있던 문제들에 해결책을 제시한다(307). 그의 이론은 본질주의적이지 않으면서도 어떤 면에서는 본질주의적인데, 전자는 그가 '법이란 사람들이 합법/불법의 이진코드 안에서 이야기하는 모든 것'이라고 했기 때문이며, 후자는 그의 이론이 법의 본성에 대한 두터운 기능주의적 그리고 자기생산적 가정을 포함하고 있기 때문이다. 자기생산은 근원적으로 기능주의적이다. 토이브너는 법과 사회의 관계가 긴밀하고 기능적이라는 관점을 갖고 있으며 "법과 사회의 역사적인 관계는 구조적으로 짝지어진 자기생산적 체계들의 공동진화로 정의되어야 한다"고 했다. 결과적으로 비록 토이브너가 다른 법다원주의자들보다 법이 할 수 있는 기능의 가능한 범주에 대해서 더 관용적이며, 특정한 기능을 법의 정의로 사용하지 않지만, 여전히 법을 근본적으로 기능적이라고 보고 있다. 이러한 토이브너의 접근은 모든 기능주의적인 접근들이 겪는 한계를 지니고 있다. 그것은 본성적으로 기능적이지 않은 법의 효과나 결과들을 제거한다는 것이다(308). 토이브너의 법 버전의 문제점은 기능주의뿐이 아니다(309). 토이브너는 법적 코드의 명시적 사용뿐 아니라 내재적 사용 역시 법의 일부로 포함한다. 그러다보니 간단해 보이는 대화도 자기생산적 관점에서는 극단적으로 복잡하게 분석되어서 대부분의 사람들이 '법'이라고 생각하지 않을 부분들까지 법으로 포함하게 될 수도 있다.

토이브너가 그의 이론의 형성을 '정의'라고 일컬었지만, 그가 '법을 정의하기 위한 기준'을 만들었다고 하는 것이 보다 더 올바른 이해일 것이다. 이러한 통찰에서 토이브너의 이론은, 그의 자기생산적, 그리고 기능주의적 한계를 일단 치워두고, 비본질주의적 법 설명의 시작점이 된다(311).

V-1 **법과 법다원주의에 대한 약관주의적 접근** 법이 무엇인지, 그리고 법이 무엇을 하는지는 하나의 개념이나 하나의 정의로 나타낼 수 없다. '법은…이다'와 같은 것은 없다: 이런 종류의 법과 저런 종류의 법; 이런 법이라고 불리는 현상들과 저런 법이라고 불리는 현상들 등이 있는 것이다. '법은 사람들이 법이라고 정의하고, 그들의 사회적 관행을 통해 법으로 취급하는 모든 것이다' 라는 것이 약관주의자들의 법을 정의하는 방식이다(313). 따라서 법이 무엇인가 하는 것은 사회영역의 사람들의 일반적인 사용을 통해 결정되는 것이지, 사회과학자나 이론가에 의해 미리 결정되는 것이 아니다(314).

V-2 **이러한 접근의 의의** 내가 언급하는 다원성은 '법'이라는 이름 아래서 존재하는 다양한 현상들을 포함한다; 법, 체계, 행동의

확고한 패턴 등. 반면, 법다원주의자들은 보통 하나의 기본적 현상인 '법'의 다원적 형태를 의미한다; 제도의 다양한 형태, 혹은 체계의 다양한 형태 등. 내가 제안하는 접근은 이미 존재하는 법에 대한 사회관점에서 끌어오는 것이다(315).

법다원주의자들은 '약한' 다원주의—예를 들어 국가에 의한 관습법의 인식—과 '강한' 다원주의로 나누곤 한다(317). 이러한 인위적인 구분은 연구될 수 있는 현상과 의문시될 수 있는 질문들의 종류를 제한한다. 비본질주의적 법다원주의는 이러한 질문들을 약한/강한의 양분을 넘어서서 다시 열어준다. 종교법이 좋은 예가 된다. 다양한 사회에서 널리 행해짐에도 불구하고 산토스의 법다원주의가 제시한 여섯 가지 덩어리의 유형에서 종교법은 없다. 이란이나 아프가니스탄과 같은 사회에서는 종교법이 국가법이기도한 반면, 많은 사회에서 종교법은 국가법과 전적으로 별개로 존재한다. 내가 제안한 접근법은 사회 관행에 의함으로써 법이 그들 특유의 발현으로 연구되도록 한다.

마지막으로 이 접근은, 기존의 접근들과 함께, 법중앙주의에 도전한다. 어떤 버전의 법도 다른 것에 대해 계급적으로 높게 위치지어지지 않는다. 이 접근의 한 가지 장점—이것을 비본질주의로 만들어주는—은 이것이 전적으로 법에 대한 전제로부터 자유롭다는 점이다. 모든 것은 경험적인 연구와 그것에 뒤따르는 범주 설정과 분석에 열려 있다. 또 다른 중대한 장점은 이것의 '법의 내용과 전제가 부재하다는 점'이 연구를 촉진시키는 '비판적 거리(critical distance)'를 창조한다는 것이다. 이 접근은 그것이 어떤 사회 집단의 사람들에 의해, 사회관행을 통해 법으로 불리도록 주장된 것인지를 불문하고, 동등하게 날카롭고 감정적이지 않은 관점을 모든 종류의 법에 대해 가지도록 한다(318). 법을 구성하고자 하는 모든 주장에 대한 이러한 평등한 접근은 법중앙주의에 대항하는 것보다 더 중요하다.

V-3 이러한 접근의 문제점들 첫 번째로, '법'이라는 단일한 현상이 존재하지 않으므로 그것에 대한 정보가 축적되기 어렵다는 문제점이 있다. 하지만 긍정적인 면으로는, 정보들이 '법'이라는 이름 아래 있는 다양한 현상들에 대해 모아질 것이고, 그 정보들은 연구되고 서로 비교될 수 있을 것이며, 다른 사회영역의 상황과도 비교될 수 있을 것이라는 점이다.

두 가지의 추가적인 문제들은 나의 제안이 법을 이야기하는 데 있어서 약관주의에 의지한다는 것에 기인한다. 첫 번째 문제는 '누가' 어떤 한 현상을 사회 관행을 통해 법이라고 정의할 것인지에 대한 것인데, 그 답은 어떤 집단이든 사회계 안에 존재한다면 가능하다는 것이다. 연관되어 있는 두 번째 질문은 '얼마나 많은' 사람들이 어떤 현상을 법으로 보아야 법으로서 여겨질 것인가이다. 나는 법을 정의하기 위해 사회적 약관에 의지하고 있으므로, 충분한 사람들이 충분한 신념을 가지고 어떤 것을 '법'으로 여기며, 그런 신념에 대하여 설득적이게 행동하고, 사회계에 영향이 있는 방향으로 움직인다는 것을 가장 최소한의 조건으로 본다. 외로운 미치광이가 자신의 모든 바람이 법이 되기를 바라는 정도가 아닌 이상에는 상대적으로 낮은 약관주의자들의 기준을 통해 사람들이 법으로 인식하고 취급하는 모든 것이 법이 될 수 있다. 이러한 낮은 기준은 기존의 법사회학자들의 구미에 맞지 않는 것일 수도 있는데, 그 이유는 이것이 사회 요소들에게 법의 존재를 생성시킬 만한 권위를 준다고 여겨지기 때문이다(319). 사실, 법의 종류를 정의하는 사회 관행이 풍부해지는 가능성에 대한 법사회학자들의 공포는 근거 없는 것이다. 왜냐하면 그것은 매력적인 사회 발전이고, 연구되고 이해되어야 할 것이 많아지는 것이기 때문이다. 또한 그러한 법의 종류의 풍부화는 거의 일어나지 않을 것인데, 그 이유는 일반적으로 사람들이 쉽게 법이라는 이름을 적용하지 않기 때문이다. 실제로는 법다원주의자들이 일반적인 사회 관행보다 더 많은 법을 발견한다. 또한 약관주의가 사회 요소들에게 보장해주는 것 같아 보이는 권위는 이미 처음부터 그들이 가지고 있었던 것이다. 약관주의자들은 진실을 인식하는 것에 불과하다. 비본질주의에 바탕을 한 학자들의 역할이 본질주의의 작업처럼 영광스럽게 보이지는 않겠지만 여전히 유용한 연구들과 할 일들이 많이 있다(320).

Ⅵ 결 론

현재 널리 사용되고 있는, 본질주의적 법 개념에 기반해서 세워진 법다원주의는 희망이 없는 혼돈과 복잡성을 야기하며 다양한 현상들을 단조롭게 만든다. 지난 20년간 기존의 법다원주의자들은 많은 대범한 선언들을 해왔지만, 진정한 진보는 거의 없었다. 비본질주의 버전의 법다원주의는 훨씬 더 많은 잠재력을 가지고 있다(321).

◆ 비 평 : 법다원주의의 실천성 ◆

현대법학에서 법다원주의는 이미 하나의 유행개념이 되었다. 적어도 표면적으로는 정초주의나 천부적 자연권 등을 이야기하는 것은, 이젠 뭔가 촌스럽고 뒤처진 뉘앙스를 주는 상황이 되었으니 말이다. 그러나 현재 널리 사용되고 있는 법다원주의 개념은 본질주의적 법 인식에 기반해서 세워져 있다는 것이, 이 글의 저자 타마나하의 문제의식이다. "많은 법다원주의자들이 법중앙주의에 대한 반발로 비국가적인 규범체계를 낭만화하는 경향이 있다"는 지적이나, "법다원주의자들이 일반적인 사회 관행보다 더 많이 법이라는 이름을 붙힌다"는 지적을 통해 저자는 본질주의적 법다원주의의 한계를 집어내고 있다. 법은 본질을 가지고 있지 않다는 비본질주의적 법 개념은 법이 빈 것으로 취급되기를 바라지만 내용 없는 개념이란 개념이 아니다. 따라서 비본질주의적 접근은 법을 정의하는 '기준'의 명확화를 추구한다.

이상돈 교수는 토이브너의 법다원주의 개념이 서구중심적 다원주의이며, 이슬람 문명 등 제3세계의 문제를 다원주의적 현상이 아닌 문명충돌로 다루고 있다는 점에서 한계가 있음을 지적하고 있다. 이 맥락에서 저자 타마나하가 이슬람 등의 제3세계의 종교법을 새로이 다룬 부분은, 토이브너의 비본질주의적 접근이 가지고 있는 서구중심적 한계를 넘어서려는 타당한 시도일 것이다. 하지만 토이브너의 법다원주의는 루만의 기능주의에서 발전되어온 사상이므로, 저자가 토이브너의 법다원주의를 기능주의적이라고 비판한 것은 이론의 시작점에 천착하는 다소 뒤처진 비판이라고 볼 수 있다. 진정한 법다원주의란 법인류학의 대표적인 주장처럼, 서구의 법체계를 따르지 않고 있는(서구 법의 형태를 띠고 있지 않는) '법'이라고 불리울 수 있는 대상들 역시도 다룰 수 있는 개념이어야 한다. 산토스의 *Three Metaphors for a New Conception of Law*에 대한 쿰의 반박글에서 살펴보았던 것처럼, 본질주의적 접근을 취하게 되면 또 다시 경계지음이 생기고 그로 인한 재식민지화가 반복될 수 있다. 따라서 저자의 비본질주의적 법다원주의의 제안은 새로운 잠재력을 갖고 있다. 또한 비본질주의적 법다원주의의 기능 중 하나로서 법중앙주의에 대한 저항 이외의 기능으로 저자가 제시한, '비판적인 거리를 통해 동등하게 날카롭고 감정적이지 않은 관점을 모든 종류의 법에 갖게 하는, 평등한 접근'은 법다원주의가 가질 수 있는 가능성에 대한 통찰력 있는 지적이다.

하지만 저자의 법다원주의는 약관주의를 그 기반으로 한다는 점에서 한계가 있는데, 약관 혹은 관례를 따른다는 것 자체가 오히려 '비다원주의적'이라는 내재적 한계를 갖고 있기 때문이다. 약관은 일정 수 이상의 사회 구성원들의 동의에 의해 형성되는 것이므로 필연적으로 소수에 대한 은폐가 발생하게 된다. 이러한 메타적인 관념에 의해 가려진 것들을 포착해내는 보다 예리하고 해방적인 기능이 비본질주의 법다원주의에 의해 가능하리라고 본다. 하지만 이것은 약관주의 등의 오히려 본질주의적인 방식을 통해서가 아니라, 법문학, 법인류학 등의 기초법 분과들을 통해서 효과적으로 수행될 수 있을 것이다.

포스트모더니즘:
법이론, 법학교육과 그 미래

▶ Postmodernism: Legal Theory, Legal Education and the Future
T. Murphy, International Journal of the Legal Profession 제7권 제3호, 2000

reviewed by | Soyoung Lee

저자 팀 머피(Tim Murphy)는 영국 노팅험에서 태어나, 케임브리지의 다우닝대학교에서 공부했다. 1978년에 LSE로 임용되기 전에는 노스웨스턴 대학의 법과대학과 캔터베리의 켄트대학에서 강의했다. 1995년부터 2002년까지 Modern Law Review의 편집장으로 활동했고, Law and Critique의 편집위원을 역임하기도 했다. 현재 LSE교수로 재직 중이다. 주요 관심사는 (특히 중국과 관련한) 법과 사회이론, 법사학, 재산법 등이며, 주요 저서로는 *The Oldest Social Science?: Configurations of Law and Modernity* (1997), *Understanding Property Law* (공저, 4판, 2004) 등이 있다. 웨더번(Wedderburn)과 함께 *Labour Law and the Community* (1982)를, 그리고 로버츠(Roberts)와 함께 *Legal Scholarship in the Common Law World* (1987)를 엮어 출간하였다. 중국, 베트남, 한국, 인도 등에서 강연을 했고, 특히 작년(2005)에는 고려대학교 100주년 기념학술대회 강연자 중 한 명으로 초청받기도 했다.

I 서언: 법학교육의 미래에 관한 몇 가지 단평들

법이론의 미래는 법학교육의 미래에 의해 좌우되고, 법학교육의 미래는 법의 미래에 따라 변화한다. 한편 법의 미래는 법실무의 변화에 영향을 받을 수밖에 없는데, 그렇다면 법실무에 영향을 줄 수 있는 요인들은 또 어디에서 기인하는 것인가? 이는 단순한 문제가 아닌데, 이를테면 법실무의 변화뿐 아니라 법학연구자에 대한 지원과 법대교수의 근로조건들 역시 법학교육의 방향과 내용에 많은 영향을 준다. 법학교육의 규모와 목적, 그리고 내용은 법과대학에 지원하고 입학하는 학생들의 성향과 문화적 배경, 성별, 계급, 국적 등에도 영향을 받고, 또한 법대졸업생이 법실무가로서 활동할 수 있는 자격이 어디까지 주어지는지 등에 따라 달라진다. 여기서 법학교육의 미래를 확정적으로 이야기하기는 힘든 일이겠지만, 지난 10년간의 경험에 비추어 어느 정도 예측해볼 수는 있다.

우선 법조계의 변화를 차치하고서라도 법대졸업자가 '전통적인 개념에서의' 법실무가로서 활동하는 비율은 감소할 것이다. 다만 영국 법과대학을 졸업한 아시아계들이 법실무에 종사하는 비율은 상당히 증가하고 있는 것이 현실이다. 한편 법학과 어떤 방식으로든 연관지어진, 새로운 직종들은 늘어날 것으로 보인다. 기존 법률서비스가 일대일(one-to-one)이었다면, 오늘날 특히 경미한 문제를 다루는 민간법 시장에서 각광받고 있는 법률서비스는 이른바 '법지식을 지닌 기술자(legal knowledge engineers)'에 의한 일대다(one-to-many)의 저렴한 형태이고, 이는 '(간접적인) 규제'와 '(당사자 간의) 협상'이 이론적으로나 실무에서나 설득력을 얻고 있는 경향에도 적절히 들어맞는다고 하겠다(358).

이는 법학교육에서 법의 전문성이 차차 열어지는 결과를 가져오기도 한다. 내용보다 기술(skill)적인 측면에 중점을 두는 변화는, 사회에서 바로 사용될 수 있는 실용지식에 대한 학생들의 요구와도 부합한다. 특히 EU국가들 간의 활발한 학술교류 속에서, 각국 법문화 고유의 문제들에 대한 문제의식들이 심화되기보다 학생들이 이미 가지고 있는 서로 상이한 문화적 배경과 전문지식에 법적 '기술'을 더해주는 형태의 교육이 더욱 각광받을 수밖에 없는 것이다(359).

Ⅱ 법이론 교육의 의의 이러한 일련의 상황들은 이론적인 부분에 치중했었던 과거에 비해 법이론 교육이 상황의 논리로부터 도출되는 경향을 보다 강하게 했다. 학생들은 전통적인 관점에서 볼 때 세상에 대해서는 보다 많이, 법학에 대해서는 보다 적게 집중하게 될 것이다. 동시에 법학교육도 학생들이 지닌 전문분야에 대한 선지식들에 맞춰갈 수밖에 없고, 교수들은 학생들의 문화적 지평을 염두에 두지 않을 수 없다.

그렇다고 하여 법이론이 그것이 종래에 서식해오던 '오래된 부락' 안으로 되돌아가기에는 이미 늦었다. 법이론은 늘 파생적인, 다른 학문분과들에 기생하는 형태를 취하곤 하였는데 주로 철학과의 관계에서 그러했다. 하지만 오늘날은 법이론 내부에서 담론들 간의 충돌이 발생하고 있다. 그것이 법학교육에 미칠 영향에 대해 단정지어 말할 수는 없지만 이러한 경향이 함축하고 있는 바를 우리는 명확히 읽어내야 하는데, 그것이 법학교육을 일종의 비과학적인 교양교육 안에 용해시켜 버릴 위험을 갖는다는 점이다. 물론 이건 '법학자로서 사고하기'나 '법적 논증'과 같은 표현에 담긴 내포가 이후에 어떻게 바뀌는지에 따라서는 반드시 부정적인 변화가 아닐 수도 있다.

나는 이러한 변화 속에서 진행되어 오고 있고 또한 계속 진행될 두 경향을 보게 된다. 첫째는 법학이라는 '학문'에서 이루어지는 비평작업들이 미심쩍고 심지어는 독단적인 것으로서 인식된다는 점이고,

두 번째는 법학교육에서 법이론이라는 과목에 담기는 내용은 계속 다양화되어 갈 것이라는 점이다(360).

이는 순수이론 또는 순수하게 이론적인 연구들의 중요성을 옅어지게 한다. 이 때 이론은 법학의 기초지식이 아닌 단지 다른 전문화된 법학분과와 같은 하나의 특수분과로서 이해될 것이다. 다른 한편 이론이란 것이 영 쓸모없이 홀대받는 건 아닌데, 그럴 듯한 이론은 딱딱한 도그마틱 해설에 약간의 양념을 가미하여 보다 '있어 보이게' 하는 데 쓰이기 때문이다.

Ⅲ 세계의 미래와 그 학생상

오늘날 우리는 이미 우리 자신들 그리고 상호간의 관계가 어떤 측면에서 이론적이거나 관념적인, 또는 반성적(reflexive)인 시대에 살고 있다. 이는 하버마스가 일찍이 이야기한 근대사회에서의 '생활세계의 합리화'라고 할 수 있다. 또한 우리는 우리의 지식이 고도의 기술을 뒤쫓는 세상에서 살고 있다. '과학'이라는 형태의 대부분은 오늘날 많건 적건 '기술과학'의 모습이고, 이를테면 유전공학과 관련된 몇몇 이론들은 대중문화를 관통하는 코드로서 작동한다(361).

이는 한편으로 개개인의 일상 경험을 문화 형태로 상대화함으로써 이에 가격을 매기는 결과를 가져오며, 다른 한편으로는 일상경험과 상식의 범위로부터 삶과 세상의 진리를 격리시키기도 한다. 예컨대 '민중'의학이나 '민속'심리학이라는 개념 자체가 그것을 학문으로서의 심리학 ―사회문화적 결정요인을 강조한 것이건 발생진화론의 영향 아래에 있는 것이건― 의 대상으로 만들어 버린다. 하지만 오늘날 우리는 진리란 상대적이란 걸 잘 알고 있다. 자연과학적 사실과 진리의 경우에도 대개의 경우 대다수의 일반인들에 의한 이성적 평가가 불가능한데, 이는 기술적 · 계보학적 지식을 갖고 있지 못하기 때문이다.

여기서 발생하는 많은 논의와 논란, 그리고 대립들은 포스트모더니즘이 쉬이 자라날 수 있는 화단이 된다. 한편 이는 과거에는 과학과 수학의 영역에 속했으나 오늘날 인문사회과학 영역으로까지 확장된 새로운 인식활동들이 자라날 수 있는 자양분이 되기도 한다(362).

IV 법학교육에서 포스트모더니즘과 법이론

대중화된 대학, 분화된 대학의 시대인 오늘, 포스트모던 법학교육은 서로 모순된 가능성들을 함유하고 있다. 한 측에서 포스트모던한 스타일의 글귀는 여러 엘리트주의적인 이론적 실천들 중 하나로서, 순수연구물을 실용적 앙가주망으로부터 분리해내는 일종의 문화자본의 깊은 저수지라고 본다. 다른 한편에서 포스트모던한 흐름들은 '정복당한 자'와 '하위주체'들의 억눌린 경험들을 복원시키는 이른바 '한의 정치학'(politics of ressentiment)과 긴밀한 동맹관계를 맺는 이론적 실천을 뒷받침해주기도 한다(369).

포스트모더니즘의 복합적이고 다층적인 양상들이 법학교육을 어떻게 변화시킬 수 있는지는 단순히 경험적인 문제로서의 측면이 다분하다. 여기서 우리는 강의와 연구 사이의 점점 늘어가는 괴리와 (그것이 교수법에 미치는 영향은 불투명하지만) 자기준거(복제)적인 출판과정을 주의해야 한다. 포스트모더니즘은 독창적인 논문을 쓰는 한 문체이다. 하지만 과연 포스트모더니즘을 주제로 논문을 쓰는 자들이 대학원생이나 시간강사의 딱지를 떼고 운 좋게도 전임강사의 문에 발을 디디는 바로 그 순간, 그들이 자신의 논증도구들을 그대로 들이대 자신의 박사학위 논문의 가치를 부인할지는 상당히 의심스럽다(370). 겔너는 이를 두고 '질풍노도와 밥줄(Stürm und Drang und Tenure)'이라 비아냥거린 바 있다. 틀에 박힌 규율에 대한 거부와 내면 깊숙이 자리잡은 불안정함을 표현한 문구들은, 멋 부린 글귀로 포장되어 유식한 저널에 실려 점잖은 심사위원회를 감동시킴으로써 그들의 학식을 증명해줄 뿐이라는 것이다.

그렇지만 적어도 법학에서 포스트모던한 접근은, 상이한 법영역들 간의 새로운 연결을 가능케 하는 생산적 해결책의 일부일 수 있다. 전후의 보편주의는 법학에서 근대 분석법학과 자유주의적이고 포스트뉘른베르크(post-Nürnberg)적인 자연법의 부흥에 보호막이 되었고, 포스트모더니즘의 조각과 파편들은 보편주의를 몰아내는 효과적 도구로서, 그리고 '지역적', '정체성', '특수성' 등의 값이 매겨진 상징 아래 전통적인 법사고에서 다소 낯설었던 '지역주의'를 선전하는 도구로서 기능할 수는 있다는 것이다.

V 포스트모더니즘이 미래에 기여할 수 있는 건 무엇인가

포스트모더니즘이 미래에 가져올 수 있는 변화가능성들로는 어떤 것들이 있을까? (역설적이게도) 오늘날 포스트모더니즘의 주된 원동력은 어떤 측면에서 윤리적인 성격을 지니고, 포스트모더니즘은 실증주의적이고 규칙에 얽매인 기계적인 법학연구에 새로운 '규범성'을 주입해 넣는 특성을 보인다. 소외되고 불이익을 겪은 자들을 위한다는 목적성을 지닌 포스트모던 학자들은 기존 법학교육을 동요시킨 후에 '새로운 윤리'(*new* ethics)라는 미명 아래 이를 교정한다(371).

하지만, 적어도 나의 생각에 포스트모더니즘이 그와 같은 방식으로 법학 교육 안으로 스며들어가 법과 법조인이 어떤 식으로 행동해야 하는지를 감시하고 설교하는 것은 적합하지 못하다. "자네는 내게 다른 이들을 '위해서' 말하는 것의 불명예스러움을 알게 해준 최초의 인물이었네"라고 푸코에게 들뢰즈가 말하였다고 하듯, 포스트모더니즘은 그 학문적 성격상 특정한 정치색을 강하게 띠지는 않는다. 법학 교육에 있어 포스트모더니즘이 기여할 수 있는 바는 현실로부터 거리를 두고 상황을 바라보게 하는 것이다. 포스트모던 이론은 사회에서 이미 규범화된 영역을 재규범화하는 흐름들에 현혹되지 말아야 한다. 포스트모던 이론이 '이미 규범화된 것을 윤리화해야 하는 요구'라는 법윤리의 역설을 들여다볼 수 있는 보다 비옥한 배후를 제공해주는 한편, 포스트모더니즘은 규범성 안에 내재한 비규범적인 요소들을 보다 용이하게 드러내 보여주는 기능을 하기도 한다는 점을 생각해볼 수 있다(372).

◆ 비 평 : 법학교육과 포스트모더니즘 ◆

법학교육에서의 중점이 기술(skill)적인 측면으로 옮아가고, 그것이 실무에서 곧바로 사용될 수 있는 실용지식에 대한 법학도들의 요구와도 부합하는 건 비단 로스쿨 도입을 앞둔 우리사회만의 문제가 아닌 모양이다. 저자가 옳게 지적했듯이, 이른바 세계화의 흐름 속에서도 그리고 EU국가들 간의 학술교류 속에서도, 각국 법문화 고유의 문제들에 대한 문제의식들이 심화되기보다는 학생들이 이미 갖고 있는 각자의 전문지식에 법적 '기술'을 더해주는 형태의 교육이 각광받고 있는 것이 현실이다. 이 논문은 그러한 법'이론'의 위기를 다루고 있다. "…다른 한편 이론이란 것이 영 쓸모없이 홀대받는 건 아닌데, 그럴 듯한 이론은 딱딱한 도그마틱 해설에 약간의 양념을 가미하여 보다 '있어 보이게' 하는데 쓰이기 때문이다"는 그의 지적은, 쓴웃음을 자아내게 만드는 '현실'이다.

흥미로운 건 저자가 이에 대한 돌파구를 포스트모더니즘 이론에서 찾으려 한다는 점이다. 보편주의와 정초주의를 허물어뜨리는 포스트모던 전략은 상이한 법영역들 간의 새로운 연결을 가능케 하는 생산적 해결책의 일부일 수 있다. 또한 소수문학론이나 노마디즘적 사고는 전후의 보편주의(혹은 미국주의)에 편향된, 맹목성과 자민족중심성을 보이는 전형적 법학 커리큘럼을 비판하는 주요한 근거가 된다. 포스트모더니즘의 조각과 파편들은 법학교육에서 보편주의를 몰아내는 효과적 도구로서 기능할 수 있다.

물론 저자가 우려하듯 법학교육에서 포스트모던한 글귀는 단지 '멋부린 글귀로 포장되어 유식한 저널에 실려 점잖은 심사위원회를 감동시킴으로써 그들의 학식을 증명해줄 뿐'이 될 수도 있다. 그런 의미에서 포스트모던 이론들과 그보다 훨씬 더 실용적인 안건들 사이의 안티테제와 갈등은 어느 선상 이상으로 갈 때 다분히 작위적이며, 불필요하다. 전통적인 이론법학의 전략은 이미 파산해버렸고, 세계화시대에 미래에 대한 대안을 찾기 위한 분석적 문제들을 다루는 데 있어서는 특히 그러하기 때문이다.

자유주의의 주류 흐름과 이에 '비판적인 사촌' 격인 포스트모더니즘이 다 같이 직면하는 문제는 다문화의 승인 문제, 말하자면 현대사회의 맥락 속에서는 상호합법성의 문제일 것이다. 저자는, 규범성 안에 내재하는 비규범성을 찾아내듯 서구 문화 안에 내재한 이슬람법과 법문화를 캐낸다면, 양자 간의 보다 효율적인 대화상황이 연출될 수 있을 것이라 이야기한다.

3부

포스트모던 법학의 미학적 지평

정신분석학으로서 법

▶ Psychoanalysis Becomes the Law

C. Douzinas & A. Gearey, *Critical Jurisprudence: The Political Philosophy of Justice*, Hart Publishing, 2005

reviewed by | Soyoung Lee

저자 코스타스 두지나스(Costas Douzinas)는 군부독재 치하 그리스에서 이른바 '학생운동의 선봉에 서서' 학부시절을 보냈다. 이후 영국으로 건너와 런던대 LSE에서 법학석사 및 박사를 취득하였고, 학위 취득 후 스트라스부르그 대학에서 공부하기도 했다. 미들섹스, 랑카스터, 비르크벡 대학 등에서 법철학과 인권법을 강의하였다. 1992년 런던대 비르크벡 대학의 교수로 임용된 후, 지금까지 인권법을 비롯하여 법문학, 법상징학, 법심리학, 포스트모던 정치이론 등 다양한 기초법 분과에서 학술활동을 계속하고 있다. 주된 학문적 관심분야는 법학 및 법학교육의 미학적 지평이라 하며, 이에 관한 문제의식은 최근저작인 *Critical Jurisprudence* 에도 잘 녹아나 있다. 이 밖에도 *The End of Human Rights: Critical Legal Through at the Fin-de-Siecle*, *The Logos of Nomos: Interpretation, Ethics and Aesthetics in the Law* 등, 다수의 기초법 저작물들을 출간하였다.

'법학을 형성하는 정신분석학(psychoanalysis that becomes the law)'이라는, 다분히 현학적 말잔치 같은 주제를 다룸에 있어 '욕망의 문제'는 하나의 좋은 연결고리가 될 것이다. 법은 욕망을 생성하는가 혹은 금지하는가, 또 '주체가 욕망에 의해 만들어진다'라 말하는 건 법학의 차원에서 어떤 의의를 가지는가?(305)

I

프로이트(Freud)는 법의 탄생을 '범죄에 관한 이야기'로 본다. 법이나 사회적 결합(social bond)은 살인과 재해의 핏빛 결과로 인하여 발생한다. 이는 선천적 성악설 같은 데서 기인한다기보다는, '법과 윤리는 그것이 차후 비난하고 제지할 악의 도래에 근거한다'는 데 초점을 맞춘다. 이를테면 오이디푸스 신화에서 보듯, 부친을 살해한 자는 차후 죄책감에 휩싸이고, 이 때문에 살해금지에 대한 입법을 하여 '금지의 도덕(morality of interdiction)'이라는 장을 연다. 이처럼 도덕의 근저에는 부친살해라는 '흉악한 범죄'가 놓여 있었으며, '문화가 자연과 갈라지게 하는' 최초의 근본원리는 근친상간의 금지였다는 것이다(306).

프로이트는 그의 후기저작들에서 법의 형성기원에 대한 보다 직접적인 분석작업을 보여준다. 법제도에 관한 그의 계보학(genealogy)은 다시금 최초군집의 가설에서 시작된다. 거기서 갈등은 언제나 군집에서 가장 강한 자가 무자비한 힘을 사용하여 반대편을 죽이거나 억누름으로써 해소된다. 그러한 '힘센 자의 폭력'에서 '제도화된 법'으로의 전이는, '패배당한 사회적 약자'들의 결집이 자신의 군림을 위협할 수도 있다는, 승리한 자의 자각에서 비롯된다. 따라서 법은 개인에 의한 폭력을 공동체의 조직화된 폭력으로 대체한 결과에 다름 아니며, 그것에 저항하는 모든 사회구성원을 겨냥한다(307).

법제도가 대규모의 사회단위에서 장기간 지속적으로 기능하려면,

공공의 이해에 복무하는 걸로 인식되어야 하고, 또 공동체를 하나로 묶어줄 수 있어야 한다. 그러나 공동체 안에서 주도권을 가진 자에 의해 만들어진 법제도가 모두에게 적용될 때 이는 불평등과 억압의 문제를 필연적으로 노정하게 된다. 억압된 무리들은 법적 보호나 평등한 정의를 요구하기도 하겠지만, 한편으론 반역과 같은 방식으로써 새로운 법제도를 추구할 것이다. 그렇기에 '폭력'은 —공동체'들' 상호간이든 공동체 내부에서든— 법의 지배가 확립된 후에도 법의 속성상 제거되지 못한다. 분명히 법은 사적 폭력을 제한하는 기능을 하지만, 동시에 그것이 대체하고 압수해온 폭력들을 합체시켜(incorporates) 자신의 권력을 표현하며, 그렇기에 법은 '동일한 규칙을 적용한다'는 차원 말고는 어떤 윤리적 정당성도 항변하지 못한다(308).

II

프로이트는 법을 부친살해의 신화와 관련지어 설명했다. 그렇지만 라깡(Lacan)의 이해에 따르면 살해당한 '최초의 아버지(primal father)'가 법의 기원에 대해 설명해주지는 않는다. 프로이트가 법의 창설에 대해 진술한다면, 라깡은 인류학이나 언어학, 구조주의적 관심에 보다 천착한다. 전자의 경우는 다양한 요구와 욕망과 본능에 대한 '사회화된 개인'의 반응으로서 법을 이해하는 반면, 후자는 주체의 요구나 욕망, 동일시 그 자체를 '법에의 종속'을 통하여 설명한다(309). 라깡에 있어 어떠한 주체도, 어떤 욕망도, 또 어떤 사회도, 법칙과 언어의 결합으로 이루어진 상징질서에 순응하지 않고서는 형성될 수 없다. 아이는 어머니의 욕망의 객체인 남근(Phallus)을 소유한 아버지 혹은 법제정자와의 조우를 통해 이 질서에 편입한다. 사내아이는 어머니의 완벽한 사랑을 욕망하기에 어머니에게 결핍되어 있는 남근에 자신을 동일시하고 싶어하지만, 그럴 때 소년은 어른으로 성장하지 못할 것이다. 사내아이는 아버지로 상징되는 '법'을 준수하지 않을 경우 거세당할 공포 때문에, '아버지의 이름으로' 상징되는 법에 복종한다. 이것이 라깡이 말한 그 유명한 '상징적 거세'이다[1](310).

여기서 남근은 거세(의 공포)에 의해 만들어진 타자 안의 결핍을 보여주는 기표이며, 동시에 그 결핍을 메우리라 생각되는 '대상'이다. 즉 남근은 결핍된 기표이자 동시에 욕망하게 되는 기표이다. 거세가 욕망을 지배하게 되는 것이다.[2] 그렇기에 라깡은 법이 자아(ego)를 '형성'한다고 말한다(311).

또한 라깡의 작업들은 정의의 문제에 대한 정신분석학적 접근을 제시해주기도 한다(312). 결핍과 욕구는 의식세계에 진입하지 못한, 종종 폭력적이며 반복되는 징후(symptom)들로 이어진다는 점을, 정신분석학은 우리에게 시사한다. 정의관념은 과거의 트라우마(trauma)나 미래의 결합(union)에 대한 흔적이다. 정의는 '사회적 욕망'의 이름이고, '근본적이며 도달하기 어려운 상황'의 결핍으로 인해 만들어진 일련의 징후들인 부정의(injustice)를 통해서만 그 존재성을 느낄 수 있다. 정의이론은 그렇기에 하나의 '판타지'라는 것이다(315).

---

1) 여기서 주의해야 할 것은 라깡의 경우, 프로이트의 오이디푸스 콤플렉스를 문자 그대로 수용하지는 않았다는 점이다. 프로이트에게 오이디푸스 단계의 아버지는 실재하는 아버지였지만, 라깡에게 그것은 '아버지의 이름'이 상징하는 관습과 법을 의미하며, 따라서 아버지의 이름은 상징적 기표이다. 프로이트의 오이디푸스 콤플렉스는 남근의 유무에 따른 생물학적 차이로 환원되나, 라깡의 경우 이는 생물학적 차이 그 자체는 아니다. 남근을 사회질서를 구축하는 법과 권력체계의 기표라 본 것은 근친상간의 금기에 대한 레비스트로스의 구조적 분석에 따른 것이다. 그렇기에 여기서 거세공포는 남근제거의 공포이기보단 사회적 명성의 박탈이나 사회적 매장의 공포를 상징한다고 보아야 한다.

2) 거세가 가정됨으로써 결핍이 생겨나고, 이 결핍을 통해 욕망이 형성된다. 결핍되었기에, 그 때의 욕망이란 '욕망에 대한 욕망'이다. 즉 욕망은 타자의 욕망이다. 그리고 그 욕망은 '법'에 종속되어 있다.

Ⅲ

라깡의 욕망이론을 법학의 구조에서 가장 잘 풀어낸 학자는 아마도 르장드르(Legendre)일 것이다. 그런데 르장드르의 연구가 법학에 특히 기여한 건 '정의의 문제'에 대한 이해라기보다는 법제도의 신화적 속성에 대한 통찰이다. 법질서는 법적 근대성이 완전히 맹안시했었던 '또 다른 장면(another scene)'과 깊숙이 관련지어져 있다는 점 말이다. 신화는 사회적인 것(the social)의 근저에 깔린 어떤 기능을 묘사한다. 다시 말해 신화는 인간세계가 신성(divine)에 예속되어 있는, 그런 계층화되고 등급화된 사회적 공간관념을 묘사한다. 이러한 종류의 신성은 접근하기 힘들기에(inaccessible), 어떤 사람 혹은 어떤 의식(ritual)이 그것을 위해 대신 '말해줄' 수 있어야 한다. 이 지점에서 르장드르의 연구는, 법의 연원을 법과 종교적 의식 모두를 조종하는 사제계급과 동일시하는 일부 법사학적 흐름과 맥을 같이한다. 다만 르장드르의 경우는 이를 단지 선사시대의 법적 경험에 국한시키지 않고, 법에 의한 사회적 토대들의 접합이 모든 시대의 사회질서에 있어 핵심적이라고 인식한다. 이러한 이해를 '교조적 의사소통(dogmatic communication)'이라 부를 수 있다. 교조적 의사소통은 주로 상이한 종류의 합법성(들)에 의해 이루어지는, 사회적 신화(들)의 전송이라 하겠다(316).

서구의 역사에서, 교조적 의사소통은 로마법문화와 기독교문화 간의 결합으로 특징지어진다. 이를테면 로마법적인 의미에서, 그것은 인간세상을 신성에 예속된 것으로 바라보는, 본래적으로 계층화되고 등급화된 사회적 공간관념을 보여준다. 중세 기독교적 세계관에서 로마법은 예수에 대한 신심의 정도에 따라 등급화된 공동체관념에 복무한다. 사실 교조적 의사소통이란, 하나의 세상에서 다른 세상으로 혹은 신성에서 인간으로의 메시지전달이고, 그것은 구전과 서면텍스트 모두를 포함한다. 구전문화(oral cultures)에서 텍스트는 반드시 글로 쓰여 있지는 않지만, 특정한 의식(ritual)의 형태 혹은 유사한 구조적 기능을 담당하는 여러 의식들 속에 현전할 수 있다(317). 어떤 텍스트 형태를 띠건 간에 교조적 의사소통은 '의미의 전송(transmission)'과 관련지어지고, 문제에 봉착한 사회에 있어 진실의 지위를 지니는 담론 간의 소통으로 이해된다. 텍스트는 해석자에게 '해석의 권위'를 부여하고, 그로써 참조(reference)의 의식이 계속 수행된다. 요컨대 진실담론은 진실의 '재생산'에 관한 담론이라 하겠다(318).

르장드르의 분석에 의하면, 기독교는 자신의 구조를 매끄럽게 다듬고 풍성하게 하기 위해 로마법의 도움을 받았다. 로마법은 다양한 역사적 맥락을 수용하면서 유연하게 변하여 왔고, 이로써 (영미)보통법 전통의 발전에도 기여하였다. 로마법이 거의 잊혀진 현시점에도 그 핵심적인 원리들은 여전히 대체되거나 무시될 수 없다. 법은 언제나 '무언가, 혹은 타자의 이름으로' 이야기한다(319).

IV

한편 들뢰즈(Deleuze)와 가타리(Guattari)의 연구성과는 정신분석학의 울타리를 넘어선다. 여기서 주의해야 할 것은 '넘어선'다는 것이 곧 '거부한'다는 의미는 아니라는 점이다. 이는 도리어 정신분석학의 특정한 '-주의'가 그 담론 내부에서부터 자생적으로 변이하고자 함을 의미한다. 들뢰즈와 가타리의 학문적 궤적(trajectory)을 이해하기 위해서는 정신분석학이 다른 형태의 사고나 지도그리기(mapping)와 어떻게 공모하고 있는지에 대한 인식이 선행되어야 한다. 르장드르의 예를 통해서만 보더라도, 정신분석학은 신화에 대한 고전적 관심을 재명시한 가장 최근의 시도라 할 수 있다. 그런데 이 때 정신분석학의 기법과 경향에는 '근대적'이라고 말할 무언가가 자리하고 있다(320). 원래는 공동체의 공적인 의식(rituals)이었던 것이, 현대 정신분석학에서는 전문분석가와 그의 환자인 '분석되는 자' 사이의 관계에 입각하여 사유화(privatize)되었다는 점이 그것이다. 정신분석(치료)에서 관계는 '계약'에 기초하고 있다. 그런데 법적 주체 문제에 관한 기존의 정신분석학적 접근은 '경제적 · 권력적으로 결정지어지는' 차원을 내다보지 못한다. 들뢰즈와 가타리의 정신분석학 비판을 끌어오고, 정신분석을 권력과의 관계 속에서 재정의할 때, 우리는 비판적 법정신분석학(critical legal psychoanalysis)의 윤곽과 그 과제를 설립할 수 있을 것이다(321).

들뢰즈와 가타리는 욕망에 대해 도발적인 견해를 펼치는데, '욕망이 그 자체로서 생산적이고 창조적인 무의식'이라는 주장이 그것이다. 이 때 욕망은 긍정적인 힘이며, 어떤 부정적인 계기도 필요치 않는다. 이는 욕망이 반드시 결여(lack)나 상실(loss), 더 정확히 말하면 거세를 통해서 발생한다고 본 라깡의 주장과 대립한다. 욕망은 결여가 아니고 생산이며, 상실이 아닌 긍정적인 권력의지[3]라는 것이다. 그렇다면 법에서의 욕망도 현실(the real)을 생성하는 '흐름(fluid)'의 하나이고, 욕망의 유기체이다. 법은 운명(destiny)이 아닌 것이다!(321)

법에 관한 프로이트의 이야기는 폭력에서 시작하고, 주체에 관한 라깡의 이야기는 법이 만들어낸 분리와 결여에서 시작한다. 둘 다 오이디푸스 신화에 천착하기 때문이다(322). 그에 반해 들뢰즈와 가타리는 무의식의 문제를 오이디푸스와 관련짓는 건 잘못된 이해방식이라는 주장을 한다. 그것은 욕망과 무의식을 아빠와 엄마와 나 사이에 펼쳐지는 가족극장으로 만들어버린다. 그리고 오이디푸스 구조가 표상하는 이 부르주아 가족관계의 구도 중심에, 법이 놓여 있었던 것이다(323).

이와 같은 복고적인 가족장면을 다시금 창출하는 대신, 법이 '사회적인 것' 안에서 욕망의 외피(investment)역할을 수행하는 것으로 이

3) 이는 니체의 권력의지 개념에 대한 들뢰즈의 해석과 수용에 바탕을 둔다. 니체에게 권력의지(will to power)는 불변적인 실체가 아니라 힘들 간의 간계 그 자체다. 이 때 능동적인 힘이 강한 관계는 '긍정적인 권력의지', 수동적인 힘이 강한 관계는 '부정적인 권력의지'라 불리어진다. 들뢰즈가 말한 욕망이란, 개체들이 갖고 있는 '무언가를 하려는 의지', 즉 '긍정적인 권력의지'이다.

해할 수는 없을까? 주체는 배타적 정체성을 주장하는 공동체에 필연적으로 속하게 된다. 법이 여기서 가면이나 타투와 같은 역할을 하고, 욕망은 그러한 표징과 결부되어 배타적 소속감의 표지들을 만들어내는 건 사실이다. 그러나 이건 오이디푸스적 발상이 아니라, 집단 판타지로도 충분히 설명될 수 있다(324).

더 나아가 판타지의 구조는 욕망이 '언제나 이미' 사회적인 것이라는 점을 보여준다. 개인적 판타지가 만들어내는 '상상적인 속성(imaginary qualities)'은 자아(ego)로 하여금 불멸에의 욕구를 바닥에서부터 끌어올리게 한다는 것이, 르장드르 식의 법이론이다. 개인은 죽지만, 제도는 불멸한다는 것이다. 그렇게 말함으로써 자아(ego)의 욕망을 법제도와 결속시키는 전략이다. 그러나 이는 단지 부분적으로만 타당할 뿐이다. 제도가 그 스스로 변화에 열려 있다고 전제할 때, 집단 판타지의 전복적인 측면이 비로소 실현될 수 있다. 요지는 법이 '사회적인 것' 안에 고정시켜둔 관성(inertia)을 깨어야 한다는 것이다. 우리는 욕망의 새로운 언어를 필요로 한다(325).

V 고전적인 법이 법의 제국을 설명하고 축복했다면, 고전적인 정신분석학은 법의 불가항력을 역설하였다. 프로이트에서 라깡, 르장드르에 이르기까지, 법은 자아와 조직과 욕망으로부터 떼어낼 수 없는 조종기제로 인식되었다. 하지만 그와는 반대의 흐름을 주도한 들뢰즈나 가타리는, 오이디푸스 구도를 주체의 욕망과 무의식으로부터 떼어놓으려(decouple)했다. 또 그들은 정신분석학이 분석상담실이 아닌 사회영역으로 나와야 한다고 보았다. 정신분석학의 이 같은 경향변화는 전복적 주체가 사회적 틀이나 법적 틀에 대항하는 가능성을 열어주었다고 봄직하다(334).

◆ 비 평 : 욕망이론과 법에서의 '정의' ◆

이 논문은 먼저 법의 기원과 그것이 자아·초자아 형성에 기여한 바에 대한 프로이트(S. Freud)의 정신분석학적 연구성과들을 간략히 훑어본 후(I), 그런 주체(subject)에 대한 라깡(J. Lacan)의 새로운 문제의식과(II), 그것을 법학의 영역에서 펼쳐낸 르장드르(P. Legendre)의 연구를 차례로 살펴본다(III). 한편 들뢰즈(G. Deleuze)와 가타리(F. Guattari)는 오이디푸스공식에 매몰된 정신분석학에 문제제기하며 '법과 권력에 의해 규정지어지면서 동시에 그에 저항하는' 주체성(subjectivity)을 새롭게 발견해내는데, 마지막에서는 이를 다루고 있다(IV).

프로이트와, "프로이트로 돌아가자"라 외친 그의 '효성스런' 후계자 라깡, 그리고 반(反)프로이트의 문제의식을 펼친 그의 반발자들 들뢰즈·가타리 모두, 어떤 식으로든 법을 욕망의 문제의식과 연결시킨다는 점을 이 글은 보여주고 있다. 이 때 물론, 욕망이 법과 '어떻게' 또 '어떠한' 관계맺음을 하는가에 관해서는 각 학자가 서로 다른 각에 서 있다. 특히 들뢰즈와 가타리는 법을 아버지의 이름으로 대변되는 상징질서로, 그리고 법에의 복종을 욕망의 상징적 거세로 바라보는 오이디푸스적 접근을 반대한다.

이들은 '획득으로서의 욕망'과 '생산으로서의 욕망'을 구분하는데, 여기서 전자는 현재 자신에게 결여된 것을 획득하고자 하는 욕망으로서 사회적으로 승인된 가치에 예속된 경우가 대부분이다. 따라서 '획득으로서의 욕망'이 강할수록 사회의 질서, 다시 말해 법에 예속되는 경향이 강해진다고 볼 수 있다. 한편 '생산으로서의 욕망'은, 어떠한 '넘침'으로써 무엇이 결여되어서라기보다 그걸 함으로써 즐겁기 때문에 계속하게 되는 힘을 말한다. 즉 스스로의 동력으로 굴러가는 수레바퀴처럼 즐거움이 생산되고 그걸로써 행위의 동기가 된다는 것이다. 이것이 니체가 말했던 —물리적 힘이나 제도권력(Gewalt)과 구분되는—권력(Macht), 그리고 더 거슬러 올라가 스피노자가 고안해낸 역능(puissance)이라 할 수 있다. 이 글에서 '욕망이 그 자체로서 생산적이고 창조적인 무의식'이라는 주장도 같은 맥락에서 이해될 수 있다. 바로 그렇기에 욕망은 긍정적인 힘이며, 프로이트와 라깡이 주장하듯이 부정적인 계기나 결여, 상실을 필요치 않는다는 것이다.

저자 역시, 그런 들뢰즈와 가타리의 반(反)오이디푸스적인 관점에 동의하며 법에서의 욕망도 현실을 생성하는 '흐름'의 하나이고, 욕망의 유기체라 주장한다. 또 이를 비판 법심리학이라 이야기하고 있다. 따라서 '법=욕망'의 고정되고 불변한 공식이 아니라 '법이 어떻게 욕망을 조직화하는가'의 질문으로, 관심의 중점이 이동해야 한다고 주장한다. 그러나 이 글은 그러한 '어떻게'에 대해 논의를 펼쳐내는 데까지 나아가지는 않았다. 니체 역시 차이를 끊임없이 욕망의 생산적 힘을 인식하였고 또 긍정하였지만, 법과 제도는 그렇게 생성된 차이들을 봉합하고 틀에 끼워 맞추어 넣으려는 부정적 권력의지의 발현이라 보았다는 점에서, 저자가 단지 법이 '어떻게' 욕망과 관련되는지의 계보학적 접근방식을 취해야 한다고 주장하는 것인지, 아니면 '긍정적' 욕망을 조직화하는 생산적 가능성을 새로이 내다보는 것인지는, 여전히 다소 불문명하다. '법과 욕망'에 관한 저자의 후속연구를 기대하며 기다려본다.

작가적 지도그리기:
그리 용감하지 않은 신세계에서 소유권의 경계를 그리다

▶ Authorial Cartographies: Mapping Proprietary Borders in a Less-Than-Brave New World
R. J. Coombe, Stanford Law Review 제48권 제5호, 1996

reviewed by | Soyoung Lee

저자 로즈마리 쿰(Rosemary Coombe)은 웨스턴 대학에서 학부를 마치고, 스탠포드 대학에서 법학석사 및 박사학위를 수여받았다. 보스턴 대학과 MIT 등에서 강의했으며, 토론토대 법과대학 교수를 거쳐, 현재 요크대 인문학부 정교수로 재직 중이다. 또한 캐나다 법학·정보통신·문화연구 상임연구소장으로도 활동하고 있다. 문화인류학 및 법이론 분야를 주로 강의하고 있으며, 사회정치사상 전공의 대학원 강의를 맡고 있기도 하다. 그녀의 최근 관심사는 지적재산권 분야인데, 특히 문화생산물에 대한 근대적 소유권 개념을 비판하며, 문화적으로 재구성된 포스트모던 저작권이론을 펼치고 있다. 또한 공공영역을 확보하기 위한 시민사회운동이 좀더 인류학적 다양성과 개방성을 가져야 할 것을 주장한다. *The Cultural Life of Intellectual Properties, Still this Music: How Intellectual Property Law Affects Musical Creativity?* 등, 최근 저작들도 그녀의 그러한 관심사를 잘 반영하고 있다.

I 타이의 경찰관들이 '짝퉁' 디즈니 상품들을 길거리에서 타오르는 불길에 던져버리고 있는 사진 아래에는, "지금 방콕에서는 '밤비'를 불태우고 있으며 … 디즈니 관계자들에게 이는 더없이 반가운 소식일 것이다"라는 표제가 달려 있었다. 이는 아마도 미국 대중들에게 즐거운 이야깃거리가 되겠으나, 동시에 미국의 문화적·경제적 헤게모니가 이식되는 걸 반증해주는 또 하나의 예가 되기도 하겠다. 한편 그때 미국의 어느 도시 근교의 스테디움에서는, 한 스포츠 팀이 상품화한 전형적인 인디언 캐리커처에 반발하는 토착주민들이 항의의 표시로 그 물품들의 화형의식을 거행하고 있었다. 두 사례 모두 공적 영역과 사적 영역에 관한 고전적인 자유주의적 지도그리기(mapping)에 변형이 발생하였으며 복잡화되었음을 보여주고 있다(1357).

비판적 지리학자들(critical geographers)에게 공간은 단지 '담겨지는 그릇(container)'의 의미만을 갖지 않는다. 공간이란, 그것을 통해 정체성이 형성되는 '매체(medium)'이다. 공간을 구체화하고 객관화한다는 측면에서, 지도 역시 특정한 개체성이나 권력관계를 정당화하는 기능을 한다. 여기서 한 걸음 더 나아가 아오키(Aoki)는 새롭게 시야에 들어오는 지형도의 윤곽을 해석함에 있어서, 노마드적 정보이동과 세계적 공론장의 이상은 상대적으로 몇 안 되는 미디어재벌에 의해 구획지어지는 문화적 영토의 경계로 인하여 왜곡된다고 주장한다. 이른바 '저작권'이라는 것은 무엇이든 '재산'의 범주에 적합하게 변형할 수 있는 연금술적인 힘을 가진다고, 그는 주장한다. 본고에서 나는 이를 더 발전시켜 보고자 한다. 우선 저작권을 역사적으로 위치지우고 현대사회의 지도그리기에서 저자가 어떤 의의를 지니는지 살펴본 후(II), 이른바 지적재산권의 '세계화'라고 하는 주제로 돌아와 내가 이미 다른 글에서 '세방화'라고 개념화했던 현상과 어떻게 연결될 수 있는지 살펴보도록 한다(III)(1358).

Ⅱ 아오키는 '작가와 작품 간의 관계'의 역사적 특수성에 주목한다. (배타적 소유권을 지닌) 작가라는 개념이 역사적으로 유럽 부르주아의 주도권 장악과 예술가를 후원하던 귀족들의 세력 감소, 그리고 (대중)문학의 성장 및 시장교환경제의 헤게모니 확장 등과 관련맺고 있다는 점은 익히 알려진 바대로이다. 여기에 덧붙여져야 할 사실은 '작가—작품 구도(author-work configuration)'가 부르주아 공론장이 기능하는데 있어 핵심적인 역할을 했다는 것이다. 거기서 이른바 '작품'은 '단일성을 지닌 주체(unified self)'가 그 작품이 담고 있는 내용을 이해하고 평가할 수 있는 다른 합리적 개인들과 토론하기 위한 '의도적인 표현행위(intentional expression)'이다. 그렇기에 작가는 자신의 작품에 대해 작가적 정체성을 주장할 수 있는 동시에 작가적 책임을 진다. 정리하자면 '작가—작품 구도'는 합리적 개인의 발언과 그 정치적 영향에 관한 계몽주의적 이해와 역사적으로 불가분의 관계에 있다(1359).

여기서 한 가지 덧붙여 생각해야 할 것은 유럽식의 부르주아 공론장은 전 지구적으로 유럽의 식민지배가 확장되는 시기에 즈음하여 날조되었다(forged)는 점이다. 실제 우리가 유럽의 철학서들(특히 헤겔)을 읽어보면, 유럽의 시민사회란 스스로가 산출한 병폐를 여과할 식민공간이 확보되었을 때에만 성립가능하다는 사실을 알 수 있을 것이다. 더 나아가 계몽주의적 개념들이나 낭만적 수사들, 그리고 자유주의적 법개념처럼, 작가-작품 구도를 구성하는 요소들은 문화적 타자(cultural others)와 충돌하며 식민 지형 위에서 날조되고 또 가공되었다(1460).

한 작가의 작품은 언제, 어떤 문화 속에서, 어떠한 번역과정을 거쳤는가에 관계없이 동일한 작가의 내면을 반영하고 있다는 발상에는 '복음이 언제나 (동일한) 신의 말씀'이라는 복음주의적(evangelical) 믿음이 반영되어 있다. 다수의 번역가들을 동원하여 통일된 버전의 성경으로 번역해내는 작업은 물론 난해했지만, 이는 영국 식민통치의 정당성을 유지하는 데 있어 중대한 역할을 담당하는, 결정적인 이데올로기적 신화이기도 했다. 작가의 소우주적인 신성성(microcosmic divinity)과 신적인 부성(Godlike Fatherhood)은, 문헌에 관한 재산권을 둘러싸고 벌어진 18세기와 19세기의 논쟁에서 빈번히 거론되었다. 근대 지적재산권법을 구성하는 많은 개념들은 유럽인들이 기존에 형성된 세계의 가치들이나 타자의 생태적 배경을 무시한 채 자신들이 가진 상(image)에 따라 지도그리기(mapping)를 했던, 바로 그 역사적 시기에 형성되었던 것이다(1360).

'작가의 작업(authorial work)'은 타자의 창작작업을 침묵시키고 부정하며, 창작이라는 것의 의미와 가치가 독자반응이나 번역작업, 해석작업, 혹은 재코드화 과정 등을 통해 형성되는 차원이 있다는 걸 부정하고, 더 나아가 타자의 창작작업을 재갈물리는 헤게모니적 기능을 수행한다. 지적재산권법, 그 중에서도 특히 저작권법과 상표법, 그리고 공표권(publicity rights) 등은 작가가 타자의 창작활동에서 산출된 의미와 가치들을 몰수해 버리는 걸 가능케 한다. 원작자(authorship)란 개념은, 작가—작품 관계의 완전성(integrity)에 대한 위험한 대리보충(dangerous supplement)으로서 작동하는 '제거하는 힘(force of alterity)'과 불과 한 끝 차이로 구별될 수 있을 뿐이다(1361).

이른바 '새로운 세계질서(New World Order)'를 지향하는 현대사회의 정치논쟁에서도, 작가라는 수사어구가 새로운 형태의 사회지배를 정당화하는 기제로서 배치되는 현상이 발견된다. (제3세계의) 신흥 엘리트들은 '우리'의 생물학적 다양성(biodiversity)을 보호하며 전 지구적 '우리'를 반영하고 있다는 식으로 자신의 주장을 귀화시킨다. 근대의 조건 아래에서 유럽 부르주아들이 독창성, 창작, 발견 따위의 수사어구로서 식민지팽창을 정당화하고 자신들이 제시하는 상에 따라 문명화를 규정지었다면, 탈근대적 조건 아래에서는 초국가적 기업들이 위와 유사한 수사어구들을 사용하며 자신들의 전유(appropriation)와 징수(expropriation)를 정당화한다(1362).

19세기의 제국들은 식민지에서 인류적 삶의 '이전(earlier)' 흔적들을 수집하고 분류하여, '후손들을 위해 보존되어야 할 전 지구적 문화유산의 증거'로서 제국주의적 박물관에 보존하였다. 다시 말해 타자의 동 시대적 삶은 유럽이 '박물학적 전통'이라 주장하는, 동일자의 사라져가는 과거의 증거였던 것이다. 이러한 '제국주의적 노스텔지아'를 지닌 자들은 이제 생물학적 다양성의 보존을 근거로, "저들은 스스로의 자연자원이 가지는 의의에 무지하니, 우리가 우리 지구를 보호하기 위해 이젠 지구본(globe)만이 아닌 생물도(biosphere)도 그려야 하겠다" 따위의 주장을 하는 것이다. 지도 그려지는 장소에 터잡아 살고 있는 이가 아닌, 지도그리기를 한 자에게 지적재산권—저작권이건 또 다른 형태의 소유권이건—이 인정될 건 자명한 일이다(1362).

III

'밤비'에서 시작한 이야기가 다소 삼천포로 빠진 듯도 하지만, 어쨌건 우리는 이제 자연스럽게 '전 지구적'이라고 하는, 현대적 공간으로 돌아왔다. 많은 사회이론가들이 균질화(homogenize)로 보아야 할 것인지 아니면 오히려 '과도한 구별짓기(hyper-differentiation)'라 볼 것인지를 두고 끝없이 논쟁하는, 그리고 혼성모방(pastische)이니 혼종(hybrid)적 정체성이니 하는 개념으로 이야기되는, 바로 그 공간 말이다. 문화적 연구의 상상적 세계 속에는 명확한 경계선이 존재하지 않으며, 단지 '언제나 새로운' 이질성의 확장을 담보케 하는 (문화적) 이민자와 유목인과 추방자들의 옮겨다님이 있을 뿐이다. 이러한 사회이론적 전망이, 아마도 우루과이 라운드부터 최근 TRIPs 협약에 이르기까지의 관계자들이 보기에는 지나치게 낙관적이었나 보다. 새로운 정체성이나 공동체 형성의 거름이 되는 갖가지 문화적 형식이나 표현물들에 대해 '침범 금지'의 사인을 높이 걸어둠으로써 경계선을 강조하고 또 강제하려 드니 말이다. TRIPs 협약에 동의하는 제3세계 국가들은 자국에서 지적재산권 조항을 강화하고 더욱 엄격히 적용함으로써 미국 자본의 이해관계에 일조하고, 그 협상(bargain)의 대가로써 좀더 우호적인 무역조건을 따낸다. 이게 이른바 화합정책이다(1363).

위와 같은 허울 좋은 '화합(harmonization)'을 목적으로 하는 지적재산권 입법에 있어서 주된 로비스트가 미국 엔터테인먼트 산업—더 정확히 말하자면 초국가적 미디어 대기업들— 이라는 점을 지적한 건 아마도 내가 처음은 아닐 것이다. 한때 국가영토관할권과 법적 자기결정권이 미치는 범주를 결정짓는 데 사용되었던 '경계선'은, 이제는 '생존을 위해 몸부림치는 낭만주의적 작가'의 옷을 걸쳐 입은 지적재산권의 소유자들의 새로운 관할권을 더욱 오롯이 보호하기 위해 타협된다(1364).

이 때 문제가 되는 건, '작가—작품 관계'의 적용범위가 확장되었다는 점만이 아니다. 그에 못지않게 중요한 사실은, 저작권의 논리가 어느 범위까지 어떤 측면에서 공익적 정당성을 가지는지에 대한 역사적 검증이 이루어지지 않은 사회에 무차별적으로 '수출(export)'되었다는 점이다. 최소한 서구에서 저작권의 발달은 표현의 자유가 보장되지 않고 정치적 대화가 저어되던 역사적 맥락에서 비롯된 측면이 있는 것이 사실이다. 그러나 오늘날 서구가 원저자의 권리를 확장하려고 그토록 안달이 나 있는 일부 사회들에서는, 저작권을 공익 차원의 사회적 선으로 인정케 하는 최소한의 전제조건들조차 발견하기 어려운 경우도 있다. 바로 이 같은 사실이, 무역의 문제를 인권의 문제와 구분할 때의 불합리함과, 국제법에서 공적 영역을 사적 영역과 구분하는 근대적 지도그리기의 점증하는 시대착오성을 보여준다고 하겠다(1365).

여기서 단순한 가설을 한번 제시해 보겠다. 칠레의 꽤나 유명한 두 맑스주의자들이 쓴, '도날드덕을 어떻게 읽을 것인가(How to Read Donald Duck)'라는 만화책에 대해 들어본 사람들이 꽤 있으리라 생각된다. 이 만화책에는 디즈니 만화의 배후에 놓인 정치적인 의미구조를 조롱하고 모방하며 패러디하는 만화컷들이 실려 있고, 거기에는 디즈니의 유명한 네 캐릭터들이 등장한다. 이와 관련해 디즈니사는 도날드덕의 캐릭터들에 대한 저작권과 상표권을 주장하며 비판적 텍스트의 유포를 제한하려 했다. 그리고 실제 오늘날 WTO소속의 '어떤' 국가에서든, '도날드덕을 어떻게 읽을 것인가'를 수입하는 건 위험한 일이 되어버렸다. 정치적 발언이 저작권의 가면을 쓴 '재산의 이름으로' 제한되는 것이다(1366).

영양실조와 아동성매매, 섹스관광, 에이즈 등의 문제를 둘러싼 사회적 비용에 치이는 국가들이, 미국권력과 그 자본주의적 실상을 풍자하기 위해 루니 툰스(Looney Tunes) 캐릭터들을 도용하거나 미국 대중문화 아이콘을 배열해 놓은 자들의 뒤를 밟아 추적하는 데에 자신들의 소중한 자원을 사용하는 게 과연 현명한 일인지 의문이다. 설령 그것이 미국과의 무역비용의 타협 차원에서 현명한 결정이었다손 치더라도, 우리는 그 정치적 함의를 여전히 의문시할 수 있다. '그리 용감하지 못한' 새로운 세계질서 안에서 '대중'은 어디에 있는가? 그 안에서 대화적 공론장과 반대공론이 생성될 여지가 있는 것인가? 이러한 코카콜라적 세방화(gloca-cola-nation) 안에서 의사소통적 윤리는 도대체 어디서 세워질 수 있을 것이며, 그러한 논쟁 안에서 누구의 목소리가 허용될 것인가?(1357)

◆ 비 평 : 근대적 저작권을 넘어서 ◆

이 논문은 근대적 저작권의 개념표지들을 탈식민주의적 관점에서 주되게 비판하고 있다. 근대적 권리 개념은 [a] 기독교적 문화의 전통 [b] 자유주의의 이론적 성장, 그리고 [c] 자본주의의 발달을 배경으로 이루어져 있고, 또 이는 각각 근대적 주체의 [a] 자기동일성과 [b] 자기결정권, 그리고 [c] 소유권을 근거짓는다.

즉 여기서 첫 번째, 작가와 작품의 자기동일성은 기독교적 문화에서 비롯되었다. '말씀의 전함'은 곧 '하나님 존재가 언어로 오시는' 사건이라 이해된다. 신은 동시에 '신을 인식하는 주체'이기도 하고, 인식주체로서 신이 스스로를 해석하는 것이 작품, 신의 목소리를 기록하는, 계시의 전달자가 바로 작가라는 것이다. "복음은 언제나 동일한 신의 말씀"이라는 복음주의적 믿음은, 한 작가의 작품이 언제, 어떤 문화 속에서, 그리고 어떠한 전달과정을 거쳤는가와 관계없이 자기동일성을 가진다는 발상을 낳았다. 한편, 작가와 작품 간의 유기적 관계의 또 다른 논거는, 이 글에서 밝히고 있듯이, 예술적 천재의 탄생에 얽힌 수사이다. '낭만적 작가'는 무에서 유를 창조하는 예술혼을 지닌 존재로서 이상화되었다. 누구나 자신의 내면에 잠재하는 재능을 통하여 새로운 형식을 갖는 독창적 작품을 만들 수 있는데, 이 독창성은 개개인의 사고나 표현에서 '유달리 자신에게만 존재하는' 그 무엇이라는 주장이다. 또한 저자는 여기서 지적 자기결정권 보호의 또 다른 필요성이 부르주아 공론장의 형성에서 도출된다고 보고 있다. 이 때 '작품'은, 주체가 합리적 타자들과 지적으로 의사소통하기 위한 자기표현행위이다.

무엇보다 저작권개념은 소유적 개인주의와 밀접하게 관련된다. 이는 로크의 공유지 이론에 근거하고 있다. 즉, 모든 사람은 공유지(the commons)에 자신의 노동을 혼합하여 창조적 가치를 만들 때 배타적 소유권을 얻고, 여기서 만인의 공유지는 한 개인이 특정 재화를 소유한 후에도 여전히 '넉넉하고 양호한' 상태일 것이 선호되고, 그렇기에 유형재보다는 무형재의 소유적 정당성이 더욱 확보된다는 것이다. 저작권이란, 관념과 언어로 이루어진 상징자원의 공유지에다 개인이 정신노동을 투입해서 산물을 생산해내는 상상적 과정이므로 정당화된다.

근대적 저작권의 한층 복잡한 현실적 모순은 세계화(globalization)라는 상황 속에서 발생한다. 최소한 유럽에서 저작권의 발달은, 귀족후원가로부터 작가가 좀더 자유로울 수 있는 기반을 마련해준 역사적 전거가 있었고, 시민적 공론장을 형성하는 데도 일조했다. 그러나 저자가 비판하듯, 미국에서는 애초부터 '창작에 들어가는 비용'을 보상한다는 측면이 강했다. 더 나아가 문화적 생산물의 소유에 관한 사회적 통념이 상이한 제3세계에서는, 저작권이 문화적으로 존재하지 않는 경우도 있다. '인간의 보편적 자연권'이라고 하는 수사(rhetoric)는, 제1세계의 주요수출산업인 미디어작업에 관한 독점권이, 정치적 국경선을 넘어 인정되는 정당성을 '포장'한다고 쿰은 비판하고 있는 것이다

이러한 저작권에 대한 저자의 포스트식민주의적 비판은, 쉽게 말해 제1세계의 *내 건 내 것, 네 것도 내 것* 논리를 겨냥한다. 식민지 독자들이, 정치적으로 해방된 후에도 지적·정서적으로는 제국의 출판물들로부터 해방되지 못하는 현상은 오늘날, 문제 틀을 출판산업에서 미디어 영상문화산업 전반으로 확대시킨다. 초국가적 거대자본이 만들어낸 정치적·경제적 산물에 대한 친숙함은, 수익성 높은 문화적 산물들에까지 이어진다. 신자유주의의 '열린' 시장은 그런 문화적 친숙함을 부추기면서 동시에 '지적재산의 보호'를 내걸며 바로 그 낯익음에 대한 대가지불을 요구한다. 그런 의미에서 배타적 저작권은 자유무역과 한 쌍을 이룬다. 이 글에서 지적했듯이 그것은 '허울 좋은 화합'에 다름 아니다.

또한 제국들은 식민지에서 인류의 '과거' 흔적들을 수집하고 분류

하여, 제국의 박물관에 보존하였다. 타자의 동 시대적 삶은 서구가 '박물학적 전통'으로 박제화한 우리의 '사라져가는 과거'가 되고, 상업적 가치의 새로운 예술품으로 상품화되었다(그 예로, 아프리카나 북미 인디언들의 토속장신구나 음악, 신화, 잠언 등). 이 때 타자의 문화를 '우리의 과거'로서 보호하는 배후에는 '저들은 무지하니, 우리가 문화적 지도그리기를 해야겠다'는 계산이 깔려 있다. 그렇다면 지도가 그려지는 장소에 터 잡고 생활하는 사람들이 아니라, 지도그리기를 한 자에게 거기서 생산된 지식에 관한 권리가 귀속된다는 것이 쿰의 저작권이론의 핵심이라 이해될 만하다. 이러한 이론은 아오키(Aoki) 등, 영미의 비판적 저작권연구자들에 의해 다듬어지고 있으며, 인류학뿐 아니라 문학적 접근에 의해 근거지어지기도 한다. 우리 사회에서도 최근 바흐친의 문학이론을 토대로 근대적 저작권을 비판한 신진학자의 연구가 이루어진 바 있다.

법은 왜 '꺼림칙한 보충물'을 필요로 하는가?

▶ Why Does the Law Need an Obscene Supplement?
S. Zizek, *Law and the Postmodern Mind*(P. Goodrich & D. G. Carlson 편), The University of Michigan Press, 2001

reviewed by | Soyoung Lee

저자 슬라보예 지젝(Slavoj Zizek)은 1949년 슬로베니아에서 태어났다. 모국에서 철학을 공부한 후, 프랑스로 건너가 파리8대학에서 정신분석학으로 박사학위를 받았다. 맑스와 헤겔, 그리고 라깡을 접목한 정신분석학 이론으로 최근 가장 주목받고 있는 학자들 가운데 하나로서, 주판지치 등과 함께 슬로베니아 학파로 불리며 '동유럽의 기적'이라 칭해지기도 한다. 특히 영화를 중심으로 여러 문화텍스트를 넘나들며, 미학과 정치이론을 자유롭게 접합해간다는 평을 받고 있다. 현재 류블라냐 대학교 사회과학연구소 선임연구원이다. 주요저작으로 *The Sublime Object of Ideology*, *Enjoy Your Symptoms: Jacques Lacan in Hollywood and Out*, *The Iraqui Borrowed Kettle* 등이 있다.

I 아마 진정 '전복적(subversive)'인 필자들은 '사드'의 후계자들이 아니라, 오히려 '과도한 체제순응자' 진영에 속한 이들일 듯싶다. 이들은 지배이데올로기를 원래 예상되었던 정도를 넘어서리만치 과도하게 '문자 그대로' 받아 안음으로써 되레 그것을 '전복'하였다. 그로써 독자들은 저도 모르게 자연스레 동일시될 뻔했던 숨겨진 이데올로기 효과(이를테면 프랑스 보수 가톨릭이나 독일 군사애국주의, 혹은 혁명적 공산주의 등)를 맞닥뜨리게 되고, 당혹감과 부끄러움을 느낀다. 여기서 우리는, 어떤 이데올로기가 현실에서 방해받지 않고 작동하기 위해서는 '거리두기'를 요한다는 사실을 알게 된다. 요컨대 "이건 이데올로기가 표출된 건 아니고… 사실 배후에 따뜻한 인간감정, 거대 이데올로기와는 하등 관계 없는 소소한 기쁨과 슬픔들이 흐르는…" 식의 핑계를 필요로 하는 것이다. 파스칼(Pascal)이나 클라이스트(Kleist), 그리고 특히 브레이트(Brecht)는 이데올로기의 가면 뒤에 숨은 '따뜻한 한 인간'이라는, 잘못된 관념을 뒤집는다. 예컨대 브레이트의 "조치(Die Massnahme)"에서 등장인물들은 단지 '이데올로기의 가면'으로 환원되어 버리며, 그 뒤에 숨겨진 뭔가는 거짓으로 판명난다(75).

'전복'의 또 다른 측면은 파스칼에 의해 강조된다. 즉 "법과 관습을 지키는 게 어떠한 이유에서이고, 왜 정당한가를 엘리트들이 무지한 저들에게 깨우쳐 주어야 한다"는 기치를 내건 계몽주의는, 사실 뒤집어보면, "무지한 저들은 법과 관습을 지켜야 하는 선하고 정당한 이유가 있다고 배우겠지만, 엘리트들은 그것이 권력의 도그마에 의해 정당화된 것 뿐이라는 걸 안다"에 다름 아니다. 사실 우리는 법이 법이기 때문에 지켜야 할 따름이다. 그렇기에 이데올로기는 '이유를 불문한 비합리적 복종'이기보다는, '이유가 없는 걸 합리화하는' 것이라 하겠다(76).

여기서 또 한 명 주목해야 할 철학자는 말브랑슈(Malebranche)[1]이다. 그는 "독생자 예수가 아담의 원죄를 짊어진 인류를 죄로부터 구원하러 오셨다"고 보는 게 아니라, "예수가 이 땅에 내려와 구원을 행할 계기를 만들어주기 위해 아담은 죄를 지었어야 했다"고 해석한다(77). 즉 그는 "무릇 타인을 위해 희생한다는 자들은, 자기가 계속 타인을 비참한 현실에서 구원해주기 위해, 타자의 고통이 지속되길 바라는 심리가 있다"는 정신분석을 신에게까지 적용시켰던 것이다. 이는 라깡이 도스토예프스키의 '신이 없었더라면 아무것도 허용되지 않았을 것이다'는 문구를 '신이 없었더라면 허용되지 않을 게 없다'고 바꿔 말한 것과도 일맥상통한다(77). 이 때 말브랑슈가 이야기한 신은, 라깡 식으로 표현하자면 '대타자'(big Other), 즉 '순수하게 가상적인 채 세계를 규율하는 어떤 질서'이다. 현실계에서 우리가 대타자를 경험하는 유일한 길은, 초자아(superego)라는 대체물을 통해서이다(78).

II 이러한 특징은 단지 신학에만 한정되지 않는다. 이는 관료주의적 형이상학의 기초가 되기도 한다. 예컨대 스위스에서는 이민자들에게 웬만해서는 주민증을 발급해주지 않는데, 대부분의 이민자들이 "귀하에게 주민증이 거부될 만한 결함은 없다"는 증서까지는 받을 수 있다. 한 마디로 "당신의 체류는 온전히 합법화된 건 아니지만, 일종의 '중간에 낀' 상태로 애매하게 지내는 건 허용해주겠다"는 말이다. 결코 적극적으로 받아들이진 않되 명시적으로 거부하지도 않고, 미래 그 어떤 때의 가능성은 모호하게 열어둔다는 것이다. 관료제는 스스로를 지

---

1) 말브랑슈는 17세기 프랑스 가톨릭 수도사이자 철학자이기도 했다. 참된 인식은 신의 이성, 즉 하느님 속에 있는 관념들을 통해서만 얻을 수 있다고 하며, 인간의 육체와 정신 사이에 작용하는 신의 개입을 중시했던 학자로서 유명했다. 그런데 지젝은 그가 사후에 파문되고 저작들이 모두 불태워져 금지되었음을 언급하며, 그 원인이 그의 '과도한 정통주의' 때문이었음을 꼬집어 지적하고 있다.

탱하기 위해 이런 식의 애매한 계략들을 많이 개발해 놓고 있다. 그 중 하나는 누군가를 '살아 남기 위해서 명시적 법을 어겨야 할 상황'에 몰아넣는 것이다. 이 때 법의 위반은 관용되지만, 그로써 상대방은 영구적으로 책잡힐 흠집을 안고 살게 된다. 관료제는 이처럼 주체를 '빚지게' 만들면서 스스로를 영위해간다(79).

신학과 관료제의 이 같은 이상한 공모(complicity)에다, 라깡의 정신분석학적 관념인 '주체는 (이미) 알고 있어야 함(subject supposed to know)'을 하나 더해보기로 한다. 인기리에 상영된 형사드라마 '콜롬보'는 늘 범죄행위를 자세하게 보여줌으로써 이야기를 풀어나간다. 여기서 독자들의 흥미는 '누가 저질렀나'가 아니라 '형사가 그걸 어떻게 논증해내냐'이다. 더 재미있는 건 콜롬보는 딱 보는 순간 직감적으로 누가 범죄자인 줄을 알고, 추후에 그걸 논증하기 위한 증거를 찾는다는 점이다. 이는 일단 신을 믿고 나서 신앙인으로서 스스로를 근거짓는다는 점과도 일맥상통한다(80). 이와 함께 이야기될 수 있는 라깡의 또다른 관념은 '주체는 믿어야 함(subject supposed to believe)'이다. 이 둘은 같은 듯해도 분명 다르다. 믿음은 상징적인 반면, 지식은 실재적이다. 또 '믿음은 타자가 믿고 있음에 대한 믿음'의 반영물인 데 반해, 지식은 단순히 누군가가 알고 있다고 하여 지식이 되지는 않는다(81).

Ⅲ 이같은 역설들은 물론 법의 영역이 근본적으로 불확정적이라는 데서 기인한다(82). 특히 정신분석은 정치적 영역을 가려내는 데 쓰이기 힘들고, 다만 정치적인 것(the political)이 전체주의적으로 비뚤어짐을 반영하는 데에 사용될 뿐이다. 아렌트가 지적한 바에 따르면 일반적인 사회폭력은 정치권력의 수행과는 다르다. 그것은 학교나 교회, 군대 등 대표적인 비공식적 권력기구에 의해 수행된다(83).

여기서는 그보다 공공의 상징적 법과 그에 대한 꺼림칙한 보충물

(obscene supplement)의 관계를 짚고 넘어가는 게 더욱 생산적일 듯싶다. 권력은 언제나 꺼림칙한 폭력에 의한 더럽힘을 수반하며, 정치적 공간은 언제나 일정정도는 '정치에 선재한'(prepolitical) 폭력에 의존하여 작동한다. 그런데 그런 폭력은 심지어는 나치 독일의 대량학살에서도 공개적인 것은 아니었으며, 추잡하고 더러운 비밀로 치부되었다. 다들 그것이 '관료제 기계(bureaucratic machine)'에 의해 자신들에게 주어진 의무일 뿐이고 자기는 사실 밤이면 클래식을 듣는, 문명화된 인간이라는 자기최면을 거는 것이다. 관료화는 폭력에 동참한 자들이 자신의 행동을 '직무수행'이라는 명목 아래 중립화하게 만들어줌과 동시에 그 자체가 부수적인 쾌락— 즉, 규율화된 절차에 따라 폭력을 가할 때의 흥분—의 원천이 되기도 한다(84).

일반적으로 로버트 알트만의 영화 '매쉬(MASH)'는 권위에 대한 조롱, 싱거운 장난, 성적 탈선에의 욕구 등을 통해 권력을 꼬집은 풍자 영화로 알려져 있지만, 내가 보기에 그건 지극히 순응적인 영화다. 권력을 조롱하고 냉소하면서도 작중인물들은 자신의 임무를 모범적으로 수행하며 '군사기계'가 매끄럽게 돌아가는 데에 어떠한 위협도 가하지 못한다. 무의미한 군사적 잔인성에 대한 공포는 근엄한 군사 의식을 비웃는 건전한 냉소와 생활유머를 통해서만 견뎌질 수 있다는 그 '거리두기'야말로, 이데올로기 그 자체다. 또 한 형태의 거리두기는 영화 '사관과 신사(Officer and Gentlemen)'에서처럼 냉혹하고 엄한 교관에게 '따뜻한 한 인간'으로서의 면모, 그러니까 부성애스러운 뭔가가 있다는 식의 접근이다(85).

이러한 이데올로기적 유혹들을 떨쳐낸 몇 안 되는 영화 중 하나가 '풀 메탈 재킷(Full Metal Jacket)'이다. 영화 전반부에서 자신을 군사적 이데올로기 기계와 과도하게 동일화한 병사는 '미쳐 버려서' 자신의 교관 및 스스로를 쏜다. 한편 영화 후반부에서는 인간적인 얼굴을 가진 줄 알았던 병사가 뜻밖에도 상처 입은 베트콩 소녀를 '구하는 게 아니라 쏘아죽이고' 군사적 주체로의 동일화(identification)에 성공한다(85).

IV

이들이 주는 교훈은 자명하다. '모든 것이 다 이데올로기적이지는 않으며, 이데올로기의 가면 뒤에는 진실된 인간의 얼굴이 숨어 있다'는 자체가, 바로 효율적으로 작동하는 이데올로기의 형태라는 점이다(86). 이데올로기의 구조물은 지나치게 직설적인 접근에 의해 오히려 훼손될 수 있으며, 성공적으로 기능하기 위해서는 오히려 그 명시적 질서로부터의 적당한 거리두기, 즉 '비'동일화(*dis*identification)가 필요하다. 법이라는 명시적 질서 역시, 과도하게 직설적으로 접근할 때 오히려 작동에 문제가 생길 수 있는 것이다(87).

집단 안에서만 공유하는 치부 내지 거짓말이 있을 때, 그것이 그 집단을 한데 묶는 데 있어 공유하는 '진실'보다도 효과적이라는 점을, 우린 잊어선 안 된다. 예컨대 학계에서 저명한 학자를 둘러싼 인적 공동체가 그의 결함(이를테면 마약복용, 도벽, 매조히스트적 변태기질)에 대한 비밀을 공유하고 있으면 내부적으로 훨씬 긴밀하게 결합하게 된다(88).

태생적인 상류계층의 장교와 신분상승에 집요하게 집착하는 중류계층의 장교 사이의 갈등을 다룬, 리들리 스콧 감독의 '결투자들(the Duellist)'에서 이 둘을 언제나 구분짓는 건 상류계층의 명예라는 코드에 접근하는 방법의 차이이다. 야망에 찬 중류계층은 자신이 뭔가를 결여하고 있다고 생각하고, 어떤 숨겨진 법칙을 찾아내어 상류계층의 내부로 더욱 깊숙이 들어가고 싶어한다. 부르디외가 '그 안에 있는(in itself)'과 '그것을 향한(for itself)'의 차이라 칭한 이런 점이, 실패의 진정한 원인이다(89).

전통이 살아 있는 지역마을에 다다른 (서구)방문객이 자기는 그 지역전통을 온전히 '이해'하며 따를 수 있다고 말하는 것만큼 인종주의적인 것도 없다. 어른이 어린아이들의 말투나 제스처를 따라 함으로써 그들의 눈높이로 내려간다는 것만큼이나 가식적이다. 이건 단지 외부인이 '우리들 중 하나'가 아니어서가 아니다. 만약 우리가 토착민들과 진실된 교류를 하길 원한다면, 토착민 자신들의 문화 바깥에 대한 '거리두기'를 우리 또한 그들의 문화에 대해 유지해 주어야 한다. 이 또한 이데올로기 구조는 과도한 동일화를 통해 오히려 훼손된다는 사실을 보여주는 한 예라 하겠다(90).

V 이데올로기 구조는 언제나 '본래부터 예정된 위반'에 의해 보완되어 왔다는 점은 단순히 법이나 규범이 살아 남기 위해서는 '타협'을 필요로 한다는 걸 의미하지는 않는다. 그런 식의 인류보편적인 '지혜'와 내가 여기서 말하고 싶은 '흐릿한 규범들(shadowy rules)'이 다른 점은, 1) 그것들(흐릿한 규범들)은 위반이면서도 쾌락(joyance)으로 충만해 있다는 것이다. 정신분석학적으로 말하자면 '초자아가 지배하는' 것이다. 2) 그렇기에 이들은 공공에 노출되어 있지 않으며, 만약 노정될 경우 체계의 와해를 초래한다. 바꿔 말해 초자아의 '흐릿하고 씌어져 있지 않은' 규범들은, 법적 권위가 그 기반을 두고 있는 '무법적 폭력'을 연상케 한다(90).

그렇다면 여기서 법과 초자아의 차이를 구성하는 요소가 무엇인지를 이야기할 때가 되었다. 공적인 법은 '행간의 해석'을 이용하여 텍스트상 명시적으로 금지된 것들(예컨대 간음)을 묵인한다. 반면 초자아는 쾌락을 명령하지만, 이런 매우 직접적인 명령은 자아로 하여금 어떤 금지보다도 더 조심스런 망설임을 하게 만든다. 이렇게 생각해 보면 간단하다. 만일 아버지가 아들이 여학생과 데이트하거나 성적 관심을 갖는 걸 명시적으로 억압한다면, 아이는 그 금지에 대한 반발심 때문에 욕구가 더욱 커질 것이다. 반면 아버지가 그런 욕구를 '남자답게' 발산하라고 부추기면, 아이는 그런 아버지의 모습에 부끄러움을 느끼며 자기의 욕구를 돌아볼 것이다. 이것이 바로 법과 초자아의 역설이다(91).

18세기 후반 보편적 인권개념이 형성되었을 때, 이 보편성이 유산자에 대한 특권을 숨기고 있었음은 자명한 사실이다. 또한 여성이나 아이, 범죄자, 유색인종 등에 대한 차별도 숨어 있었다. 그러나 이 같은 불평등은 공개적으로 인정된 게 아니었고 다만 "모든 '이성적이고 자유로운' 인간에게는 권리가 주어진다"는 식으로 표출되었다. 그렇다면 '씌어져 있지는 않되 자명한' 자격요건을 전복시키는 진정한 힘은, 새로운 해석이나 저항에 있기보다 오히려 문자 그대로 해석하는 데서 나올 수 있다. 즉 법이 전제하고 있는 배제 판타지에 맞서, 오히려 문언 그 자체의 의미에 천착한다는 것이다(93).

◆ 비 평 : 순응함으로써 전복하라 — 지젝의 법 이해 — ◆

이 논문은 '거리두기'야말로 이데올로기가 작동하는 원동력이며, 그렇기에 냉소주의는 이데올로기의 원활한 작동에 기름칠해 주는 데 다름 아니라는 지젝의 주장을 법이라는 대타자(Other)의 이데올로기에서도 보여준다. 즉 자기가 거리두기를 한다고 생각하는 순간 스스로는 이미 거기에 연루되어 있다는 것인데, 이는 이데올로기가 이미 거리 자체, 다시 말해 자신에 대한 비판까지도 품고 있기 때문이다. 예컨대 "늙으면 그저 죽어야 해"라는 말은 당연히 죽이면 안 되며, 더 나아가 보호해야 한다는 이데올로기를 이미 내포한다. 만약 그 말을 곧이곧대로 듣고 정말 죽인다면, 그건 언명의 의도에 어긋날 뿐 아니라, 그것이 지닌 위험성 내지 결핍을 드러내 보여준다.

그렇다면 이데올로기 비판은 냉소적 거리두기를 통해 이루어지는 게 아니라, 오히려 곧이곧대로(literally) 행함으로써 수행된다. 맞서서 싸우는 것도, 거리 두고 냉소하는 것도, 숨어 있는 휴머니즘을 발견하는 것도 아니라 '말 그대로 행함'은 '아무것도 아닌' 것처럼 여겨지지만, 그런 '아무것도 아님'을 기존 이데올로기에 첨가함으로써 그 결핍을 드러낸다는 것이다.

또한 이 글에서 법과 관료제가 '위반을 관용하지만, 그로써 상대방이 영구적으로 책잡힐 흠집을 안고 살게 만드는' 기제를 갖는다는 주장은 두 차원을 가진다. 바꿔 말해 여기서 관용되는 위반은 '예외'의 차원과 '허용'의 차원에서 각기 설명될 수 있다. 성경에서의 원죄가 '태초에(는) 낙원이 있었다'를 전제하듯이 '법 없이도 살 사람' 혹은 '법이 필요 없는 태평성대(낙원)'라는 예외를, 법은 전제하고 있다. 즉 법이 없는 세계에 대한 판타지는, 거기에 도달하기 위해 모두가 선하게, 그러니까 법의 통치 아래 살도록 강제한다는 것이다. 이것이 법이 작동하게끔 하는 '예외'의 차원이다.

한편 '허용'의 차원이란, 죄의식을 생성해 냄으로써 자아가 법과 위반의 순환고리를 벗어나지 못하게 하는 메커니즘을 말한다. 법은 금지함과 동시에 '허용(permissive)'의 차원을 가짐으로써 위반에의 욕망을 부추긴다. 만일 그렇게 해서 정말 죄를 저지른다면, 그 때부터 죄의식으로써 주체를 옭아 죄어 법과 위반의 순환고리 안으로 끌어들인다는 것이다. 법이 합리적 주체의 자율성을 전제한다는 점도 이런 차원에서 생각해볼 수 있다. 특히 헌법은, 근본적으로 '허용의 법체계'이다. 그렇기에 삶과 관련된 문제들은 모두 기본권의 보호망으로 끌어들일 힘을 갖는다. 하지만 주체에게 허용된 것은 다른 주체들에게 허용된 것을 침해하지 않는 범위 안에서 작동하며, 허용과 위반은 아슬아슬한 선상에 놓인다. 위반에의 욕망을 부추기고, 그로써 죄의식을 작동케 함으로써 여기 나온 대로 "주체를 빚지게" 한다는 것이다. 이것이 법이 꺼림칙한 보충물(obscene supplement)을 필요로 하는 이유라고, 저자는 주장하고 있는 듯하다.

다만 이 글의 논지대로 이데올로기가 자신에의 반발과 저항까지도 이미 품고 있다면, 시민불복종이나 저항권 행사 또한 장기적으로 법제도의 이데올로기가 효과적으로 작동하도록 도울 뿐이라는 회의적인 결론이 도출된다. 그렇다면 여기서 주장한 '곧이곧대로 행함으로써 되레 그 결함을 보여주는' 전복적 힘이 법학에서 법실증주의적 법해석을 통해 가능하다는 말인가? 이에 대해서는 여전히 의문이 남는다.

문학텍스트, 영화텍스트 그리고 법정텍스트

▶ The Literal, Cinematic, and Trial Court Text: "Reality" TV Policing, Detective Fiction, Trials, and the Spoken Subject
Dragan Milovanovic, *Critical Criminology at the Edge,* Praeger, 2002

reviewed by | Yoonyoung Min

저자 드라간 밀로바노빅(Dragan Milovanovic)은 노스이스턴 일리노이 대학 법대 교수로서 형법이론을 가르치고 있다. *International Journal for the Semiotics of Law*의 편집자이기도 한 그의 지적 관심은 법상징학이나 법심리학, 미학 등으로도 확장되어 있다.

I 도 입

이 글은 라깡의 정신분석학적 기호학을 영화와 문학 텍스트, 법정의 재판 절차에 적용하고, 독자/시청자에 의해 현실이 구성되는 과정과 이러한 상호작용 속에서 어떻게 주체성이 나타나는지를 중점적으로 살펴볼 것이다. 문학과 영화 속에 표현된 범죄에 대한 분석의 요즘 추세는 보고/읽는 주체에 관한 개념이 부족하며, 묘사적이고 내용 분석적인 것에 치중하고 있다. 그에 비해 라깡의 정신분석학적 기호학은 이러한 효과들을 설명하는 데 탁월하다. 나는 우선 말해진 주체(spoken subject)의 개념을 소개하고, 라깡이 두 장르에 어떻게 적용되는지를 설명하겠다(159).

Ⅱ 말해진 주체와 텍스트 분석

꿈은 무의식이 말을 하는 언어이다. 특정한 꿈은 장면의 연속(패러다임)으로 이루어져 있으며, 그것들은 연속적인 질서(신태그마)로 자리잡고 있다. 압축과 전이의 원초적 과정이 현재적인 꿈을 생산한다. 이것은 상징적인 의미를 위해서 해체될 수 있으며, 이런 해체의 과정에서 분석가는 은유와 환유에도 관심을 가지는데, 이것은 꿈이 실제로 의미하는 것이 무엇인지에 대한 것이다.

마찬가지로 영화는 장면의 연속을 포함하며, 그런 과정에서 반드시 선택을 해야 하고(패러다임) 이것을 연속적인 질서로 놓아야 한다(신태그마). 틈새는 장면과 장면 사이에 남으며, 이런 틈새 안에서 욕망이 움직이는데, 이것은 원초적인 결핍—주체가 상징계로 들어서기 위해 경험했던 최초의 거세—의 부활에 기인한다. 감독은 은유와 환유를 욕망의 흐름을 야기하기 위해 사용한다. 패러다임—신태그마 수사어구가 이차적 과정과 더욱 밀접하다면, 압축—전이 수사어구는 원초적인 과정과 밀접하다; 은유와 환유는 그 둘 사이 어딘가에 존재한다(159).

제3의 주체, 말해진 주체는 “소설 혹은 영화와의 동일시를 통해 구성된 주체”이다. 이것은 텍스트의 읽기와 보기를 통해 생산된 대리인이며 이러한 생산의 바탕이 되는 과정은 ‘봉합’이다. 즉, 봉합은 시청자/독자가 텍스트의 보기/읽기를 통해서 구성되는 과정이다. 이런 과정은 현실로의 개시와 우리가 상징계로 들어오면서 지불한 결핍의 명시를 수반한다. 우리는 이러한 결핍을 극복하기 위한 상상적이고 상징적인 재건의 가능성을 제공받는다(160). 주체가 말해진 주체가 될 때, 보는 주체는 그 자신이 영화 텍스트에 의해 말해지는 것을 허용한다. 감독은 특정한 장면들을 선택적으로 제공함으로써 욕망이 응답하는 틈새의 출현을 장려하고, 존재 안의 틈새가 극복되는 봉합작용으로 이끈다(161).

바르트(Barthes)에 따르면 '독자적 텍스트(readerly text)'와 '저자적 텍스트(writerly text)'는 구별된다. 독자적 텍스트는 모순적이지 않고, 종결되며 안정적인 글들, 기본적인 표현과 전통적이고 지배적인 기표작업, 균등성을 강조한다. 이것은 독자나 시청자를 표현된 캐릭터와 동일시하고 따라서 그들을 통해 말해지도록 독려한다. 이것은 보다 수동적인 독자를 가정하며, 잠재적인 종결을 통해서 독자/시청자에게 "가상적인 해방의 감각—종결을 통해 그 혹은 그녀의 주체성이 다시 굳혀졌기 때문에 가상적인—"을 제공한다.

저자적 텍스트는 다르다. 이것의 중점은 다수의 목소리와 다양한 창조의 장소에 있다. 의미는 끊임없이 변하고 불안정하게 가정된다. 모순은 저자적 텍스트의 주제들의 핵심이다. 이것은 거부되었을 목소리들을 살리기 위해 애쓴다. 종결의 가능성은 거절되며, 적극적인 독자/시청자가 가정된다. 저자적 텍스트는 "우리로 하여금 말해지기보다는 말하도록, 의미의 생산뿐 아니라 주체성과 더 큰 상징계의 생산에 참가하도록" 우리를 독려한다(162). 여기서, 새로운 지배적 기표는 창조되고 그것은 지배적인 이해의 기초를 위태롭게 하는 경향을 지닌다(163).

Ⅲ 영화 텍스트: 리얼리티 TV 프로그램 정책

1980년대 후반부터 범죄와 범죄자의 '현실'을 보여준다고 주장하는 TV 프로그램들이 나타났다. 두 개의 장르가 특별히 중요한데, 우선 첫 번째는 *Cops*와 같은 형식으로, 나래이터가 없고 실제로 경찰차에서 촬영된 40~50시간

정도의 영상에서 편집된 7~8분 정도의 비네트를 보는 형식이다. 다른 형식은 *America's Most Wanted*와 같은 형식으로, 권위 있는 나래이터가 스크립트를 읽고 배우들이 범죄와 법의 시행을 연기하는 것이다.

*Cops*를 간단히 살펴보자. 이 프로그램에서 촬영기사는 경찰관과 함께 탑승해서 경찰관의 관점을 보여준다. TV 편집자는 선택적으로 이야기를 구성하고, 이것은 이미 독자적 텍스트가 된다(163). 경찰관은 주로 백인이고 이름이나 배경, 관심사 등의 존재의 맥락이 제공되지만, 법을 어긴 사람의 경우에는 그의 과거 범죄기록 이외의 사회적 배경이 소개되지 않는다. 따라서 시청자는 경찰과 동일시되거나, 더 정확히 말하면 경찰의 추론적인 주체-지위를 차지해서 그의 관점으로 세상을 본다. 편집자는 선형적인 읽기를 통해 '이야기의 도덕', '마지막 말'을 제공한다. 이것은 어떤 일이 일어났는지를 안정적으로 이해함으로써 다른 잠재적인 읽기를 포기하는 것이다. 시청자는 저자적 텍스트를 생성하는 특권을 갖지 못한다(164).

시청자의 각성된 욕망은 환유적인 전이를 통해서 범죄자를 사회의 다른 악과 연결짓는다. 범죄와 범죄자는 떠다니는 기표로 비유될 수 있다. 이것은 라깡의 포우(Poe)의 '잃어버린 편지'의 설명과 유사하다. 여기서 내용(기의)은 숨겨져서 중요하지 않게 남고; 오히려 '편지'(기표)가 순환되고 그것의 특정적인 구조적 위치에서 의미를 제공한다. 범죄와 범죄자라는 기표는 은유적이고 환유적인 대체물로서 사용된다. 시청자의 심적 장치 안에서, 이런 기표들은 공동체의 붕괴, 가치의 상실, 공포, 절망 등을 의미한다(165).

리얼리티 TV 프로그램의 두 번째 장르를 살펴보자. *America's Most Wanted*와 *Unsolved Mysteries*가 대표적인데, 이런 프로그램에서는 전형적으로 평화로운 작은 마을을 배경으로 범죄가 일어나고 질서가 뒤집힌다(166). 가족과 희생자의 짧은 인터뷰가 포함되고, 범죄는 통제 불가능한 것으로 표현되지만 영웅적인 탐정이 나타나서 사안을 해결한다. 여기서도 역시 범죄자는 문맥에서 떼어내어져 고찰되고, 범죄자의 배경은 오직 범죄의 맥락에서만 소개된다. 범죄자는 바탕부터 법을 지키는 시민들과는 다른 사람으로 그려진다. 시청자는 희생자와 동일시되고 희생자는 내용을 가진 기표가 된다. 그 기표는 순환할 수도 있지만 기의—고통받는 희생자—와 연결되어 있다. 범죄자는 다시 떠다니는 기표가 되고 법과 질서라는 정치적 아젠다의 구성의 한 요소가 된다. 우리는 권위적인 나래이터라는 담화의 지배자를 갖게 되고, 내러티브 구성과 욕망의 구현의 바탕이 될 수 있는 지배적인 기표를 제공받음에 따라 대안적인 읽기는 불가능해진다(167).

Ⅳ 문자 텍스트 : 탐정소설

꿈과 영화 텍스트와 함께, 문자의 텍스트를 살펴보자. 나는 영(Young)의 책 *Imagining Crime*의 "the Scene of the Crime"의 챕터에 집중할 것이다. 탐정소설은 이미 누가 범죄자인지를 알고 그에게 어떤 일이 일어날 것인지를 다루는 다른 범죄 이야기들과는 달리 그것의 구성에 있어서 상상적이고 상징적인 요소를 충분히 사용한다. 소설의 탐정은 무질서와 충돌하면서 '도덕적으로 이해할 수 없는' 큰 도시에 이해할 수 있는 것을 제공하는 기호학적인 작업을 통해서 대적한다. 즉, 탐정은 붕괴에 의미를 불러올 수 있으며, 범죄를 해결함으로써 의미를 재건하고 질서와 안정감을 되찾아준다(168). 라깡의 정신분석학적 기호학을 적용해서, 우리는 탐정소설의 작가가 어떻게 독자로 하여금, 탐정의 기호학적 역할에 동일시됨으로써, 틈새를 극복하도록 그 소설을 구성하는지를 볼 수 있다. 즉, 탐정소설의 매력은 독자들이 무엇이 일어났는지를 알게 되는 텍스트를 창조하는 기호학적 작업에 참가하는 데 있다. 영이 말하기를 "독자는 범죄라는 틈새를 통해서 타인의 문 뒤의 닫혀진 세계로 초대된다." 시청자는 원시적인 거세의 리허설에 참가한다: 매우 상징적인 텍스트가 창조되고, 그것은 의미를 제공하는데, 현실로부터의 소외가 그 대가이다(169). 전통적인 탐정소설은 독자적 텍스트로서 남성의 목소리, 아버지의 기표에 특권을 부여한다.

여성 히로인이 등장할 때, 그녀는 종종 집에서 해방되고, 큰 도시의 어두움을 직면할 자유가 있는 것으로 그려진다. 하지만 영은 범죄의 해결은 종종 남성중심의 시스템이 다시 새롭게 재건되는 것이라고 말한다. 그녀에 따르면 탐정소설은, 법의 강제적 시행을 향한 억압적인 욕망과 법과 질서 이데올로기를 정당화하려는 욕망에 불을 지피는 보수적인 모습을 띤다(170). 영상으로든 문자로든 구성되는 텍스트는 흔히 독자적 텍스트 형식이다. 이것은 빠르고 전통적인 소비자의 이해와 해결을 끌어낸다. 하지만 저자적 텍스트는 더 많은 것을 요구하고, 종종 독자나 시청자를 결핍이 계속적으로 느껴지는 상태에 둔다. 독자적 텍스트의 호소력은 무질서가 현실과 연속하게 놓여진 지배적인 상징의 사용을 통해 극복될 수 있다는 것이다. 가상의 질서가 영원한 무질서보다 낫다. 여기서 또한 우리는 '범죄 해결'이 독자와 시청자가 사태의 복잡성을 외면하고 가상의 이해에 의존함으로써 어려움을 겪는 것을 확인할 수 있다(171).

V 포스트모던 탐정소설

탐정소설의 독자적 텍스트 버전을 넘어서기 위해 덴진(Denzin)은 포스트모던 탐정을 제시한다. 덴진의 포스트모던 탐정은 '뒤범벅의 텍스트'를 통해 다수의, 그리고 분해된 진실과 사회정의에 대한 다양한 고찰을 생산한다. 즉, 독자는 주저하는 탐정을 보게 되고, 부조리한 상황과 플롯이 없는 플롯, 의미가 없는 세계, 혼돈, 폭력적인 세계에 의미를 가져올 수 있는 어떠한 내러티브나 심리적 모델도 불가능함 등을 직면하게 된다. 이런 대표적인 작가들로는 버크(Burke)와 스트랠리(Straley)가 있는데, 이들은 궁극적으로는 전통적인 질서를 재생산하는 포스트모던 글쓰기의 니힐리즘적인 버전에 반대한다(171). 포스트모던 탐정 장르는 "저항 포스트모더니즘이다. 그들은 사람들의 삶에 실질적인 변화를 가져온다." 단 하나의 진실은 있을 수 없으며, 진실은 오로지 스스로 발견하는 것이다. 또한 작가는 글쓰기 프로젝트의 한 부분일 뿐이다. 덴진의 작업이 강조하는 것은 모더니스트와 포스트모더니스트 탐정 소설의 구분뿐 아니라 허무적 포스트모더니즘과 긍정적 포스트모더니즘 분석 사이의 구별이다. 들뢰즈와 가타리는 욕망을 결핍으로부터 생성되는 것으로 바라보는 것을 비판했고, 그들에게 있어서 욕망은 원초적이고 긍정적인 힘이며, 결핍과 필연적으로 연결되는 것이 아니라, 그것에 비해서는 묶여있지 않고 다이나믹한 에너지와 연결되어 있는 것이다.

이러한 덴진의 포스트모던 탐정 분석은 저자적 텍스트 안에서 이루어지며, 이것은 끝이 열려있고 종결을 거부하는 다이나믹한 텍스트이다(173). 욕망은 비선형적인 흐름이고 전통적인 담화와의 순간적인 만남에서 전복적 요소가 된다. 즉, 전통적인 의미는 상실되고, 기표들은 새로운 기의를 자유롭게 찾으며, 허무주의의 형식을 지지하지 않는다. 이것은 새로운 매듭을 허용한다. 자유롭게 떠다니는 기표들은 새로운 형식이 될 것이고, 새로운 매듭들은 뿌리를 찾음으로써 발생하는 것이 아니다. 이제 시대는 라클라우(Laclau)가 말했듯이 "구조적 결정 불가능성"의 시대이다. 떠다니는 기표들은 연결성의 다양한 근원과 표현을 가질 것이다. 라깡에 적용해보면, 우리는 상상적이고 상징적인 것이 어떻게 재구성되는지를 볼 수 있다. 억압되었던 모성은 승격되고, 이것은 새로운 기표 생성의 바탕을 제공한다. 출현하는 무질서적인 질서는 새로운 지배적 기표가 보다 흩어져 사라지는 구조의 형식을 띨 것을 요구한다(174).

Ⅵ 법정텍스트 : 사실의 구성

라깡의 정신분석학적 기호학을 마지막으로 법정 안에서의 사람들 간의 의사소통적 활동에 적용해보자. 배심원들은 시청자가 되며, '영화감독'인 검사와 피고인에 의해 말해진 이야기의 해석자이다. 직접적인 증거가 결핍되었거나 오로지 정황증거뿐일 때, '감독'은 배심원들로 하여금 '무엇이 발생했는가?'에 대하여 틈새를 메우도록(봉합) 기회와 동기, 가능성을 제공하면서 유도한다(175). 이야기에 나타나는 틈새와 모순들은 '무엇이 일어났는가?'에 대한 이해로 향하는 추론적이고 상상적인 요소들로 메워진다. 검사는 독자적 텍스트를 제공하도록 시도할 것이고, 피고인은 저자적 텍스트를 구성하고자 할 것이다. 각 진영은 배심원을 말해진 주체로 만들고자 시도한다. 법정 재판 절차는 두 개의 대립하는 이야기들 사이의 끊임없는 긴장으로 이해될 수 있다.

패러다임－신태그마 작용을 살펴보자. 변호인은 상징 사용에 있어서 지배적인 법적 담화에 의해 제한된다. 이것은 사용 가능한 기표(패러다임)와 그들이 제시될 수 있는 방식(신태그마)을 포함한다(176). 영리한 변호인은 은유와 환유를 사용해서 배심원에 의한 특정한 구성을 유도할 것이다. 검사에 의해 사용된 은유는 피고인에게 지배적이고 틀에 박힌 이미지를 입힐 수 있다. 또 환유의 사용으로 변호인은 배심원들의 욕망의 흐름을 끌어낼 수 있다(177). 압축과 전이도 사용되는데, 프로이트의 말실수는 양측의 반대되는 이야기 사이의 긴장이 최고조인 법정에서 분명 나타날 것이고, 각 진영은 진실발견의 수단으로 프로이트의 말실수를 이용할 수도 있다.

Ⅶ 나가면서

이 챕터는 라깡의 정신분석학적 기호학을 문학, 영화 그리고 법정 텍스트에 적용해 보았고, 그것을 통해서 라깡의 이론이 독자와 시청자의 현실 구성과 다양한 역학(dynamics)을 설명하는 데 특히 적절함을 확인할 수 있다(178).

◆ 비 평 : 비판범죄학과 법문학 ◆

정신분석학에서는 무의식적 욕망이 꿈 속에서 압축과 전치를 통해 표출된다고 본다. 꿈은 그대로 드러나는 게 아니라 매우 빈약한 내용으로 혹은 서로 다른 내용이 하나로 묶여 형태를 알기 힘들게 표현되고(압축), 꿈 사상을 표현하는 꿈 내용의 여러 요소들 사이에서 중요성의 강도에 따른 위치가 이동됨으로써 꿈 내용을 왜곡시킨다(전치). 꿈 사상이 꿈 내용을 표현할 때에는 주로 압축과 전치라는 작업에 의해 변형된 형태를 띠기 때문에, 이를 해석하기 위해서는 언어분석이 요구되고, 정신분석학에서 수사(rhetoric)를 중시하는 것도 그러한 연유에서이다.

초기에는 환자의 심리 저변에 억압된 요인들과 거부된 세계를 언어의 세계로 끄집어 냄으로써 문제의 원인을 규명하는 치료법으로 사용되었던 포스트구조주의 정신분석은, '저자와 독자 간의 문제해결'이라는 전통적 작품분석에서부터, 언어 속에 감추어진 문화적 코드를 읽어내는 데 이르기까지, 문학비평에 있어서 다양하게 응용되었다. 그렇다면 라깡의 정신분석학적 원리들이 법에서 무의식적 법인식을 분석하기 위한 도구로서 응용되는 것도 가정해 볼 만하다. 법의 변화와 언어의 변화가 순환적인 상호작용의 관계에 놓여있다는 점을 전제한다면 언어분석을 통한 법정서 이해나 법해석은 더욱더 의미가 있다. 특히 이 글에서도 주목하고 있는 수사의 정치학, 즉 은유와 환유의 가능성이 그러하다.

은유는 개별자에서 보편자로의 동일화, 일반화의 과정이라 할 수 있다. 이를테면 내 입술(앵두), 때리는 행위(폭행), 권력(독수리) 등의 은유에서는 앵두를 보고 내 입술을 떠올리거나, 폭행을 보고 특정 행위를 인지하는 게 아니다. 다만 내 입술과 행동과 권력에서 추출되는 특징들을 앵두, 폭행, 독수리 등이 지니는 이미지와 동일시한 것이라 할 수 있다. 그렇기에, 이는 유사성으로 인한 연결이며, 이해를 목적으로 한다. 예를 들어본다면, "가뭄이 수확한 것을 모조리 훔쳐갔다"는 문장은 은유적이다. 여기서 가뭄은 내게서 뭔가를 빼어간 사람을 지칭하는 게 아니다. 이는 단지 농부에게 가뭄은 돈을 빼앗는 강도와 유사하다고 이해시키기 위한 것이다. 특수한 가뭄의 현상에 강도의 일반적 이미지를 덧씌웠다고 할 수 있다. 이처럼 은유는 보편성을 추구한다는 점에서 가부장담론에 기여한다.

반면 환유는 보편적 특성을 통해 개별자를 확인한다는 점에서 연상작용을 통한 위치바꾸기라 하겠다. 이를테면 사각모(졸업생), 청와대(권력의 핵심), 빵(생존)에서 졸업생의 특성들을 사각모와 동일시하는 게 아니다. 사각모를 보고 졸업생을 떠올리고, 청와대라 하면 권력의 핵심을 연상하는 것이다. 그렇기에, 환유는 인접성으로 인한 연결이며, 지칭하려는 목적을 가진다. 예컨대 알바생들의 대화에서 "저 아이스커피가 시럽 더 넣어 달래"라 하면, 여기서 '아이스커피'는 그것을 주문한 사람을 지칭한다. 아이스커피가 그 사람과 유사하게 생겼다고 본 게 아니라, 그 특정한 음료와 특정한 사람 사이의 인접성에 기초한 것이다. 이는 개별성에 기초한다는 점에서 차이의 정치나 포스트페미니즘 담론에 기여한다. 이처럼 수사의 정치학은 기존의 법률적 의미의 적용을 고정시키고 보수화하는 방향으로도, 그리고 반대로 이를 교란시키고 흐트러뜨리는 방향으로도 작동할 수 있다. 비법률적 은유의 스테레오 타입이 기존의 법률적 은유의 스테레오 타입을 낯설게 한다는 것이다.

안티고네의 법 : 법의 계보학

▶ Antigone's law: A genealogy of jurisprudence
C. Douzinas & R. Warrington, *Politics, Postmodernity and Critical Legal Studies* (C. Douzinas & P. Goodrich & Y. Hachamovitch 편), Routeledge, 1994.

reviewed by | Yoonyoung Min

저자 코스타스 두지나스(Costas Douzinas)는 군부독재 치하 그리스에서 이른바 '학생운동의 선봉에 서서' 학부시절을 보냈다. 이후 영국으로 건너와 런던대 LSE에서 법학석사 및 박사를 취득하였고, 학위취득 후 스트라스부르그 대학에서 공부하기도 했다. 미들섹스, 랑카스터, 비르크벡 대학 등에서 법철학과 인권법을 강의하였다. 1992년 런던대 비르크벡 대학의 교수로 임용된 후, 지금까지 인권법을 비롯하여 법문학, 법상징학, 법심리학, 포스트모던 정치이론 등 다양한 기초법 분과에서 학술활동을 계속하고 있다. 주된 학문적 관심분야는 법학 및 법학교육의 미학적 지평이라 하며, 이에 관한 문제의식은 최근저작인 *Critical Jurisprudence* 에도 잘 녹아나 있다. 이 밖에도 *The End of Human Rights: Critical Legal Through at the Fin-de-Siecle*, *The Logos of Nomos: Interpretation, Ethics and Aesthetics in the Law* 등, 다수의 기초법 저작물들을 출간하였다.

Ⅰ 이 글은 법의 원천, 법의 타당성과 강제성 등 '법의 질문들'을 뒤쫓는다(187). 소포클레스(Sophocles)의 "안티고네(Antigone)"에서 안티고네는 그녀의 혈육인 폴리니케스의 시체를 묻으려고 한다. 반역자로 죽음을 당한 폴리니케스를 묻는 것을 왕 크레온이 금지했음에도 그녀는 '당연히 해야만 하는(must)' 일이라 말하며 실행에 옮긴다. 이러한 안티고네의 비이성적인 법의 '당위(must)'는 어디서 오는가?(188) 철학에서는 안티고네를 법과 '법의 힘'의 본질을 이해하기 위해 다루는 반면, 현재의 법학 교과서들은 대부분 안티고네를 자연법의 챕터에서 다루며 이 비극을 의무의 보다 상위의 원천과 국가의 법 간의 잠재적인 갈등으로 이야기한다. 하지만 그것은 안티고네의 요청에 귀 기울이지 않은 것이다. 안티고네의 중요성은 법의 도덕적 무의식을 다루는 것에 있다(189).

Ⅱ Antigone : …이 법률을 만든 것은 제우스가 아니었다. 또한 지하의 신들과 함께 하는 정의도 아니다… 인간에 불과한 너의 칙령이, 위대하고 적혀 있지 않으며 확실한 신들의 법들보다 우위에 있다고 생각하지 않는다… 그것은 영원히 살며, 그것이 언제 처음 제정되었는지는 아무도 모른다.

안티고네 이야기에는 확연한 양분이 성립된다. 신들의 선언은 (인간에 의한) 법, 칙령 등과 비교된다. 씌어 있지 않기에 신의 법은 공적인 선언서의 형태가 아니라 사람들의 행동 속에 살고 있다. 이것의 확실성은 해석을 요구하지 않으며 (개인적인 이익이나 행동의) 결과를 계산하지 않는 즉각적인 복종을 요청한다(192). 그와 반대되는 크레온의 법은 인간에 의해 만들어지며, 폴리스(polis; 고대 그리스의 도시국가)의 바탕이다. 인간에게 주어진 가장 위대한 시험은 '지배하고 법을 제정하는 것'이며, 크레온은 자신이 그것을 통과했다고 자랑한다. 그의 법은 도시의 위대함을 지킨다(193). 크레온에게 있어서 시민의 질서와 법은 가장 높은 원칙이며, 정의로운 사람이란 복종적인 시민이다. 반대로 안티고네의 디케(Dike)[1]는 신이다. 그녀의 명령은 특정적이며 전체 폴리스에게가 아니라 선택된 소수에게만 사적으로 말해지므로, 법을 받은 자의 책임은 고유하다(195). 그녀는 그녀 자신의 법을 받았고 그녀 스스로의 자유 의지로 행동한다.

안티고네는 가정의 원칙(principle of family) 편에 서며, 사적이고 개인적인, 그리고 사랑의 영역 편에 선다. 그것은 '씌어져 있지 않는 법'에 의해 지배되는 듯 보이지만, 종종 더 안티고네의 필리아(Philia)[2]는 사랑, 충성, 애정 그리고 혈족의 결과로 나타난다(196). 그녀는 폴리니케스를 그가 친오빠이기 때문에 그리고 그에 대한 깊은 애정 때문에 묻어주려 한다. 반면, 크레온은 그의 필리아를 정의할 때, 시민적 복종이나 정치적 우정으로 표현한다. 피와 우정은 도시의 구원에 종속된다[3](197). (법이라는) 용어의 풍부함은 그 둘(안티고네의 법과 크레온의 법)이 전적으로 모순됨에도 두 가지가 다 존재하도록 한다(198).

에로스(eros)의 법—사랑과 성적인 열정의—은 죽을 운명의 인간에게도, 불사의 신들에게도 피할 수 없는 것이며, 영원한 법(eternal

1) Dike는 법의 상징으로 널리 알려진 '정의의 여신'이다. 디케의 조각상은 한 손에는 형평성을 나타내는 저울, 다른 손에는 엄정함을 나타내는 칼이나 법전을 들고 있다. 또한 디케는 눈을 감거나 안대로 눈을 가리고 있는데 이것은 판결에서 주관성을 배제하겠다는 의미이다.

2) 인간에 대한 사랑, 사회적 공감이나 교감을 이른다. 에로스(eros)는 감각적, 본능적 사랑이며, 필리아(Philia)는 정신적, 인격적 사랑, 아가페(agape)는 신적, 은총적 사랑이라 할 수 있다. 에로스가 인간으로부터 신에게로의 상향적, 상승적 사랑이라면, 아가페는 신으로부터 인간으로의 하향적, 하강적 사랑이며, 필리아는 그 중간적 위치를 차지한다

3) "우리의 도시가 올바른 궤적으로 나아가고 있을 때에만, 우리는 피 그 자체보다 더 진실한 우정을 만들 수 있을 것이다"(creon의 대사 중에서).

laws)의 자리에 위치한다; 사랑은, 안티고네의 약혼자 헤몬이 그랬듯이 — 사람들에게 국가의 법을 잊게 하고 불복종하게 한다. 크레온은 마침내 그의 통치권 밖에 있는 힘에 의해 제정된 법들의 존재를 알게 된다.

안티고네 역시 그녀가 소중히 한, 지하의 신들의 정의와는 다른 정의, 즉 디케를 경험하게 된다. 디케는 탄원자들이 너무 가까이 오는 것을 금지한다; 하지만 안티고네는 돌진했고, 그녀는 디케의 왕관에 부딪히고 부서졌다. 우리는 디케를 완전히 알 수 없다(199). 이러한 극심한 고난은 겟세마네에서의 그리스도의 고난을 예시한다. 안티고네는— 그녀 자신이나 크레온의— 법이 그녀로 하여금 그녀가 신앙심이 깊은지 아니면 죄가 많은지를 그녀가 죽기 전에는 알려줄 수 없을 것이란 사실을 수용한다. 법은 우리가 그것의 명령을 제대로 이해하기 전에 처벌을 부과한다(200).

Ⅲ 헤겔 철학체계의 핵심 대립은 가정과 국가 사이의 것이다. 국가는 실정법의 보편성, 평등성, 합법성으로서의 구현이다. 가정은 법의 다른 측면으로서, 사랑과 죽음, 특수성과 개성을 대변한다(202). 극단적인 경우에 국가의 추상적인 형식주의와 개인의 실질적인 자율성 사이의 갈등은 재앙을 초래한다. 안티고네는 진정 그러한 인물(대상물)이었다. 그녀는 자신의 내면의 목소리에 대답했고, 자의식을 얻었으며 따라서 윤리적 실질을 이루었다.

또한 헤겔에게, 가족의 윤리적 목적은 본질적으로 주어지는 것이 아니다. 헤겔의 말대로 남성이 가족을 떠나고 여성이 가정의 우두머리가 되었을 때, 두 성은 그들의 본질적 존재를 넘어서서 윤리적 중요성으로 드러난다. 가족은 남성으로 하여금 가족의 원칙을 단념하고 국가의 공적인 삶을 받아들이도록 가르침으로써 스스로를 충족한다. 헤겔에게 있어서 궁극적이고 완전한 가족의 행동은 살아있는 자가 아닌, 죽은 자와의 관련성에 있다(203). 죽은 자를 묻는 것은 특히 여성에게 부여되는 의무이다. 죽음은 여성에게는 공동체로 나아가게 하는 통로가 되며, 남성을 가족에게로 들여온다. 이렇게 죽음은 변증법의 상징이 되며, 가족과 국가의 갈등이 생성되고 사라지는 토대가 된다(204).

IV 남편이나 아들은 그들이 죽은 후에 대체될 수 있지만 친오빠는 그럴 수 없다는 안티고네의 말은, 그녀의 폴리니케스에 대한 의무를 영원하게 만든다. 그녀의 행동은 법의 위반이 아니고, 법이 생성되고 의무가 설득력이 있는 원천이 되게 하는 토대이다. 안티고네에 대한 이러한 요청은 그녀의 죽은 혈육이 어떤 선과 악을 행했는지와 같은 플라톤식의 선악구별을 넘어선다. (관계의 고유성으로부터 나오는) 요청의 고유함은 단일한 육체에서 결정된다(206). 사랑하는 머리(beloved head)[4]에 대한 언급은 안티고네에게 그녀의 오빠와 함께 눕고자 하는 육체적인 갈망을 떠오르게 한다. 윤리에 대한 요구는 형식이나 생각에서 나오는 것이 아니라, 육체의 마주침과 욕망으로부터 나온다. 안티고네의 윤리성은 필연적인 우연성을 기반으로 생성된다. 부모의 죽음은 오빠를 고유하게 만들고 무의식적인 욕망을 욕망의 법(the law of desire)으로 만든다. 안티고네는 이성과 남성의 법은 욕망과 여성에 비추어 판결될 것임을 보여준다. 헤겔의 관점에서 가족과 국가의 갈등하는 원칙들은 화해되어야만 한다. 하지만 라깡은 "안티고네의 결말이 어떤 화해가 될 것인지 의문이다"라고 날카롭게 묻는다. 안티고네가 따르는 법은 그녀의 압도적인 욕망에서 나오며 축소할 수 없게 고유하다(207).

---

4) 안티고네가 폴리니케스에게 말할 때, 사랑하는 머리(beloved head), 나의 오빠의 얼굴(face of my brother)이라고 부른다.

V 욕망과 성적인 사랑이 안티고네의 디케에 대한 복종의 배경을 형성하는 반면, 그녀의 에로스는 기괴하다; 그녀는 죽음의 본능(thanatos)에 열중한다. 헤겔에게, 그리고 니체와 하이데거에게도 죽음은 존재론적인 판단 기준이다. 그것을 피할 수 없는 존재의 지평으로 인식하고 받아들이는 것은 인간 종의 종차이다. 안티고네는 근원적인 힘인 사랑과 죽음의 중대한 연결에 대한 언급으로 가득하다. 이것은 플라토닉한 조화의 에로스가 아니며, 헤겔적인 가족애—부부를 결합시켜 그들의 아이로 지양시키는—도 아니다. 안티고네의 에로스는 순수한 '지출'이고, 돌아오는 것이 없는 '선물'이며, 사포(Sappho)의 '본능의 요소적 힘'이다.

하지만 안티고네의 욕망은 무엇인가? 안티고네는 무엇을 원하며, 우리는 안티고네에게서 무엇을 원하는가? 그녀는 가족과 신의 법을 따르는가, 아니면 폴리니케스를 위한 그녀의 욕망으로부터 행동하는가? 크레온은 안티고네의 요구와 행동 그리고 그녀의 욕망이 혼란됨을 확신한다(208). 크레온도 우리도 안티고네의 욕망의 목적을 알 수 없다. 우리가 알 수 있는 오직 한 가지는 안티고네가 욕망한다는 것과 그녀가 항상 그녀의 욕망에 따라 행동할 것이라는 점이다. 그녀의 불가해한 욕망은 행동보다는 존재의 상태이다. 그녀의 욕망은 죽음의 충동이다. 죽음을 향한 욕망을 통해서 안티고네는 국가법의 상징적 질서와 남성의 권위에 도전하고, 욕망이라는 이름으로 반란자가 된다(209).

안티고네의 폴리니케스에 대한 헌신은 제도와 법의 시간 이전에 그녀에게 새겨진, 미친, 그리고 기억에 없는 (태고적부터의) 욕망의 결과이다. 도시의 합법성과 가족의 억압에 도전하는, 욕망의 어두운 곳으로부터 흘러나오는 법은 있을 수 있는가? 정신분석학적 이론은 우리 욕망의 비극적 필연성과 치명적인 사랑 그리고 여성성의 극도의 열정을 결합시키는 윤리와 연합해 왔다. 이러한 법에서, 적혀 있지 않으며 영원하고 가장 독특하며 단일한 사회적 구속은 선과 악, 옳고 그름의 문제가 아니다.

우리들의 안티고네에 대한 욕망은 불가해성 —우리에게서 타자가 무엇을 원하는지를 알 수 없음—, 법에 적용시키자면, 우리가 행동할 때 따르는 요구를 알 수 없음에 있다. 우리는 안티고네와 동일시될 수 없으며, 우리는 달아날 수 없는 '케 보이(Che vuoi?: 너는 내게 그것을 말하지만, 그것을 통해 무엇을 욕망하는 것인가의 질문)'와 남겨지게 된다. 우리는 디케, 즉 법의 정의가 이러한 '답이 없는 질문'으로부터 생성된다는 것을 주장할 수 있다. 정신분석학적 용어를 사용하자면 정의는 '환상'이며, 타자의 알 수 없는 욕망을 설명하기 위해 우리가 구축한 프레임이고 동시에 우리 스스로의 타자에 대한 결핍과 욕망을 구성한다(211). 지젝이 말했듯이, 욕망 그 자체는 욕망에 대한 방어이다. 이러한 해석에 기초할 때 정의를 따르는 것은 안티고네가 아니고, 정의는 안티고네가 창조한 것이 된다. 그녀의 죽음은 우리에게 법 가운데 타자의 욕망에 대해 알게 해준다. 우리는 우리 자신의 욕망과 타자의 욕망을 정의에 대한 우리의 판타지들을 통해서만 협상할 수 있다. 하지만 급진적인 불균형, 타자의 욕망과 '케 보이'의 심연은 언제나 법이나 판타지가 완전하게 설명해내지 못하는 잔여물을 남길 것이다. 안티고네는 모든 법을 감싸고 시행시키는 심연을 영원히 상기시키는 인물일 것이다.

VI

하이데거는 그리스인의 정신과 소크라테스 이전의 언어가 존재의 진실에 매우 가까이 있다고 보았다(212). 하이데거의 핵심적인 해석학적 전환은 인간이 언어, 생각 그리고 법들을 발명하고 스스로 알게 된 것이 아니라는 데 있다. 인간은 그들의 압도적인 질서로 향하는 길을 찾은 것이고, 자신을 그 안에서 찾는다. 언어와 생각의 힘은 그가 폭력적인 단어들과 행동들을 말하고 창조하도록 돕는다. 이름 붙임을 통해서 언어는 거칠게 존재를 존재함(Being)으로부터 열어주고 그 후에야 단어가 존재의 기호가 된다. 언어의 격렬함을 온전히 습득하는 것이 인간을 만든다(215). 하이데거 식으로 말하자면, 안티고네의 핵심으로 가기 위해 독자는 거만한 '과학적 해석'을 포기하고 '단어로 표현되지 않았음에도 불구하고 말해진' 것을 밝히려는 해석폭력(interpretative violence)을 사용해야 한다(217).

하이데거가 우리에게 존재의 운명에 따르라는 요청을 하는 것은 그 자체로 강한 법이다. 하지만 이 법은 '법의 법'이고, 모든 현존하는 법에 권위를 부여한다. 운명은 근원적인 윤리라고 불릴 수 있는 윤리적인 요청을 부과한다. 하지만 그것에 대한 대답은 코드의 형식이나 원칙의 집합형식을 띨 수 없다. 여기서 우리는 하이데거의 안티고네에 대한 분석의 중요성과, 하이데거에 반해서 안티고네를 읽는 것의 중요성을 인식할 수 있다. 그것은 존재와 윤리의 실험 토대, 근원적인 윤리와 '법의 법'의 장소가 될 것이다.

하이데거가 윤리에 대한 존재론의 우위를 주장하는 것은 디케를 세계의 태초부터 존재하는 질서로 표현함을 통해서이다. 디케는 정의(justice)가 아니고, 다만 존재의 압도하는 구조이다. 존재(is)와 당위(ought), 객체와 주체 사이의 엄격한 근대적인 분리로의 길은 열려졌다. 그것은 칸트에서 자신의 충분한 도그마틱 달성에 도달한다. 하지만 안티고네는 존재의 이분법 안에서의 단일성을 이야기하며, 하이데거에 따르자면 바로 여기에서 우리는 법의 근원을 찾아야한다. 보다 더 근본적으로, 안티고네가 우리에게 상기시켜줬듯이, 정복할 수 없고 피할 수 없는, 끊을 수 없게 서로 연결된 두 힘들, 사랑과 죽음이 있다. 개인은 자신의 존재적 특수성을 자신의 단일함에서 발견한다(220). 법의 법, 운명은 죽음과 타자에게 항상 열려 있다.

법의 전우주적인 힘인 운명은 단일한 형태로서 강요되며, 예측되지 않는다. 내 앞에 나타나는 타자와 그녀가 나에게 요구하는 것은 우연적이며, 그들은 예측할 수 없게 발생한다. 하지만 이 우연성에는 변경할 수 없는 필연성과 엄격한 합법성이 있다. 다른 타자가 나에게 나타났을 것이고, 나는 그것에 답해야 할 것이다. 진실로 나 자신의 개인적인 현존재(Dasein)는 타자의 얼굴로 나에게 나타나는 운명의 우연적인 요구에 대한 필연적인 열림이다. 이런 해석은 하이데거의 존재론의 기본적인 통찰을 유지한다. 이것은 도덕적 코드에 대한 요구가 윤리적 관계의 핵심을 침해하지 않고는 만족될 수 없음을 수용한다. 규범의 윤리학이 엄격하게 가능하지 않은 이유는, 인간의 현존재가 태초부터 윤리적이며 타자에 대한 열림은 존재의 근본적인 모습이기 때문이다(221).

운명은 자아를 넘어선 '어떤 것'의 요청에 열려진 삶이다. 안티고네에게 '어떤 것'은 꽤 명확하다. 만약 그녀가 그것의 요청에 응한다면, 그녀는 그녀의 오빠를 만나게 될 것이며 그와 영원한 축복 속에 함께 누울 수 있게 될 것이다. 죽음, 에로스 그리고 타자(오빠)의 힘은 운명의 등록자이며, 그들은 그것의 적혀져 있지 않고 전우주적인 법을 작동시킨다. 그것의 현현(epiphany)은 언제나 단수로서이다. 법은 힘이다. '당위(you must)' 속에 매장된 삶의 윤리적인 힘이고, 동시에 수의에 싸인 시체와 죽음으로서의 타자의 파괴적인 힘이다. 법 내면으로의 힘은 자아(the I)를 법에 묶어두고 법을 구하며, 외부적으로 적용된 힘, 법의 처벌은 법을 구하기 위하여 나를 죽인다. 법은 묶고 보존하는 힘이거나 절단하고 보존하는 힘이다.

우리는 법의 창설의 신화적인 순간에, 법이 인간적인 것과 신적인 것으로 나누어졌다고 결론내릴 수 있다. 한편에서는 '당위'의 광기가 설명할 수 없는 힘으로 자아(the I)를 붙잡고, 자아에 어떠한 지식이나 계산 없이 의무를 부여한다. 다른 한편, 국가의 법, 계산과 단일한 적용의 법은 그 스스로의 힘을 적용한다. 안티고네는 노모스(nomos)가 남성과 여성, 단일함과 보편적임, 정의와 법의 항변적 공생관계(polemical symbiosis)의 대지로부터 발생한다는 것을 알려준다. 힘과 형식, 가치와 타당성은 법의 윤리적인 실질에 모두 내포되어 있으며 법의 근원적인 '당위'의 부분이다. 그 모두의 심장으로부터 나와서 법의 진수에 암호화되어서 폭력과 죽음의 환영이 숨어 있다.

하지만 법의 법—운명—은 알 수 없다. 우리는 운명을 절대 알 수 없지만, 안티고네처럼 그것을 반드시 따라야 한다. 운명은 죽었거나 죽어가는 타자가 자신을 구해주거나 묻어달라고 물어봄으로써 다가온다. 당위의 힘은 자신과 가장 멀리 떨어져 있고 가장 다른 것이 자신에게 부과하는 힘이다. 운명은 타자이다. 법을 존재로 나아가게 함 역시 존재(타자로서의 신들)의 다양성의 힘으로서 운명이다. 이것이 법의 계보를 형성하는 수평선들이다(222).

안티고네는 운명이 신인가? 라는 물음에 마지막 대답을 주지 않고, '죽은 이들 가운데서 어떤 법칙이 있는지를 누가 알 수 있겠는가?' 라며 그 대답을 '당위'의 요청에 응하는 사람들에게 남겼다(223).

◆ 비 평 : 신화를 통해 본 법의 딜레마 ◆

이 논문은 서두에서 앞으로 풀어나갈 화두들을 던지고(I), 안티고네 신화 속에서 찾아볼 수 있는 법의 다양한 성질을 설명한다(II). 그 후, 헤겔의 철학 체계의 적용을 통해서 죽음이 어떻게 가족과 국가에 작용하는지를 살펴본 후(III), '욕망의 법'의 고유함에 대해(IV), 그리고 죽음 본능과, 안티고네의 욕망의 불가해성—즉, 타인의 욕망의 불가해성(che vuoi)—을 성찰하여 법의 생성에 대한 새로운 관점을 제시한다(V). 그리고 마지막으로 '법의 법'인 '운명'을 다룬다(VI).

저자가 밝혔듯이, 법의 당위는 이성적인 것에만 있지 않다. 행위자 역시도 이성적으로 설명할 수 없게 요청되고 강제되는 비이성적인 법의 당위를 해석하기 위해서, 저자는 "법의 도덕적 무의식"의 정신분석학적 해석을 하고 있다. 저자는 법의 양분적 성질, 나아가 다중적인 성질을 밝힌다. 신의 법은 인간이 이성으로 이해할 수 있는 것이 아니며, 이해할 수 없기에 두려운 것이다. 안티고네에게 요청된 것과 같은 신의 법을 기존의 해석처럼 보편적인 것으로 보지 않고, 각각의 주체에게 고유한 것으로 해석한 것은 포스트모던적이다. 반면, 크레온의 법은 인간의 이성으로 만든 것이고 따라서 이해될 수 있으며, 모두에게 보편적으로 적용되며 공표되어 있는 것이다.

이와 같은 양분적 설정 이외에 저자의 독특한 법 해석은, 법의 원천으로 사랑과 죽음과 같은 이성적으로 설명될 수 없는 욕망을 다루고 있다는 점이다. 이러한 욕망을 원천으로 하는 법은 신들의 법과도 다른데, 신들 조차도 욕망의 법(혹은 에로스의 법)을 비켜갈 수 없는 것으로 설명된다. 신의 법과 가족의 법은 국가의 법과 공통적으로 대립되어서 서로 밀접한 관련이 있는 듯 보이지만, 그 둘은 서로 구별되며, 또한 이들 모두 주체의 내면의 무의식적 욕망으로부터 기인하는, 오직 그 주체에게만 확실하고 당위성을 가지는 욕망의 법과 구별된다. 즉, 이 논문을 통해서 이야기되는 법은 국가의 법, 신의 법, 가족의 법, 욕망의 법 등 다중적인 성질을 가지고 있다. 이에 대해 저자는 "법이라는 용어의 풍부함은 전적으로 모순되는 요소들이 다 존재하도록 한다"고 설명하고 있다.

안티고네가 오빠인 폴리니케스를 묻어주는 것은 장례라는 의식을 통해 '가정'을 유지시키는 가정의 법의 요청에도 반한다. 남성을 다시 가정으로 들여오는 의식인, 여성에 의해 주도되는 장례의식은 합법적인 죽음을 당한 사람에게로 국한되는 듯 하다. 하지만 저자가 직접 밝혔듯이, 안티고네의 욕망의 법에 따른 당위는 폴리니케스의 죽음의 합법성에 대하여 어떠한 의문도 가지지 않는다. 그렇다면, 욕망의 법에 있어서의 합법성이란 무엇인가라는 의문이 남는다. 이것은 저자가 "우리도 안티고네의 욕망의 목적을 알 수 없다"라고 말한 것처럼, 우리가 알 수 없는 것이다. 욕망의 법에 있어서의 합법성이란 각각의 욕망의 주체에게만 확실한 것이고, 때로는 욕망의 주체조차도 이성적으로 설명할 수 없는 "태고적부터 각인되어 있는 광기어린" 욕망, 혹은 타자적 욕망으로부터 기인한다. 또한 욕망의 법은 우연성(안티고네에게 폴리니케스가 오빠로 태어난 우연성)에 따른 고유함에 기초한다. 이것은 보편성과 형평성을 중심으로 하는 근대법과 상반된다.

저자가 무의식으로부터의 욕망의 강한 힘을 굳이 '욕망의 법'으로 표현한 것은 법이라는 것이 외부로부터 주어지는 것일 뿐 아니라, 내면으로부터 생성될 수 있다는 법의 새로운 측면을 보여준다. 법의 이러한 측면은 정의 역시도 주어지는 것이 아니라 주체에 의해 생성되는 것이라는 해석과도 맥락을 같이 한다. 하지만 주체가 이해할 수 없는 타자의 욕망에 대한 '케 보이의 심연'은 행위자의 내면으로부터 나온 법과 정의임에도 주체 스스로 완전하게 설명할 수 없는 여지를 남겨 둔다.

마지막 결론부분에서 저자가 하이데거의 존재론을 적용시키고, "존재의 운명"이라는 새로운 개념의 제시를 통해 말하고자 하는 것이 무엇인지가 명확하지 않다. "운명은 법의 전우주적인 힘"이라고 설명하고 있지만 이는 상당히 모호하다. 운명과 욕망의 법, 신의 법과의 관계에 대한 좀더 치밀한 이론적 구성이 있었더라면 독자들에게 더욱 명료하게 이해되었을 것도 같다. 저자는 운명이 법의 법이며 모든 현존하는 법에 권위를 부여하는 법이라고 설명하지만, 이러한 개념 설정은 다양한 요소의 법들을 하나의 원천으로 묶으려고 하는, 오히려 포스트모더니즘에서 비껴난 시도로 보이기도 한다.

아이러니로서의 정의: 어떤 퀴어한 윤리적 실험

▶ Justice as Irony: A Queer Ethical Experiment
M. Valverde, Law and Literature 제14권 제1호, 2002

reviewed by | Soyoung Lee

저자 마리아나 발버드(Mariana Valverde)는 요크대학에서 석·박사 학위를 취득하였고, 현재 캐나다 토론토 대학 범죄학센터(Centre of Criminology)에서 범죄학을 가르치고 있다. 그녀의 학문적 관심은 사회이론과 법이론, 그 중에서도 특히 도덕적 규제에 관한 사회학적-역사적 분석에 초점이 맞추어져 있다. *Law and Order: Signs, Meanings, Myths*와 *Law's Dream of a Common Knowledge* 그리고 *Representing Law and Order* 등 법이론 관련 저작을 다수 집필하였으며 최근에는 Peter Goodrich와 함께 *Nietzsche and Legal Theory*(Routledge, 2005)를 공동편집하기도 했다.

I 정의의 시공성(Chronotopes)

'정의의 불가능성'에 대한 데리다(Derrida)의 이론은 부분적으로 '모든 법의 폭력적 근원'을 이야기한 발터 벤야민(Walter Benjamin)에 의해 근거지어지며, 비극적 형태

(tragic mode)로 서술되어 있다. 만일 개인, 친족, 혹은 공동체에게 정의를 행하는 것의 불가능성이 고전적 비극의 핵심주제들 중 하나라면, 그건 비극이 단지 문학적 형태가 아니라 정의의 불가능한 요구를 상기시키고 재정비하는 윤리적 기획과 내적으로 연관된 미학적인 실천이어서일 것이다. '법과 정의의 모순'에 의해 개인과 공동체 속에서 재구성되는 영구적 분열을, 단순히 '비극적 내러티브'가 아닌 비극 그 자체로 본다 하여, 고전적 비극의 시공간이 법과 정의의 모든 모순가능성을 남김 없이 구명하였다는 의미는 아니다. 『즐거운 지식(The Gay Science)』에서 니체(Nietzsche)는 비극적 요소와 희극적 요소는 둘 다 '인류보전을 위해 필수적인' 것이라 이야기하면서, 웃을 수 없는 신성한 대상에 금줄을 쳐놓는 것에 반대한다. 여기서 나는 비극적 요소와 희극적 요소—특히 아이러니적 웃음— 모두를 윤리적인 양식뿐 아닌 미학적 양식과도 관련짓고자 한다(85).

'아이러니' 개념을 사용함으로써, 내가 모든 걸 패러디로 환원시키는 포스트모던의 움직임에 편승하려는 건 아니다. 패러디는 독단적 권위를 약화시키는 데에는 일조할지 모르겠으나 그 윤리적 잠재력에는 한계가 있는데, 왜냐하면 패러디의 주된 효과는 '자신은 쏙 빠진 채 상대방을 깎아내리는' 데 있기 때문이다. 그에 반해 아이러니는 푸코가 말한 '자아와 자아 사이의 비금욕적이고 비절대적인, 친절하되 비판적인 관계맺음'을 수행함으로써, 습관적인 겸양과 반성을 용이케 한다. 아이러니적으로 이야기함으로써 우리는 진리와 정의를 파악하기 위해 스스로를 희화화한다. 아이러니적 자기비하는 우리로 하여금 정치적으로 행동하게 함과 동시에, 어떤 절대적인 정치적·윤리적 진리로부터 정치적·윤리적 선택을 도출해내는 건 불가능하단 걸 알게 한다(86).

우리가 '권위'에 대해서 포스트모던적 패러디로써 응답하건 전통적인 하소연으로 대응하건, 아이러니는 좋은 입지점을 제공해 준다. 내

운동권 경험에다 니체 사상을 더해 얻은 교훈이 뭔가 하면, 정치운동이 자신의 아이러니를, 바꿔 말해 자신의 유머감각을 잃게 되면, '불의에 대한 저항이 아무리 치열하다 할지라도 그(저항) 내부에서는 자신의 진실성을 너무 진지하게 사고하지 말아야 한다'는 점을 내다볼 수 없게 된다. 그렇기에 아이러니는 법과 정의 사이의 깊은 간극을 지속적으로 상기시켜 주는 기제이다(86). 불의를 경험할 때 우리는 (벤야민식으로 말하자면) '정의의 천사'를 향해 서지만, 그로써 '정의'를 실현하거나 표상하거나 인지할 수는 없고 결국 '법'의 영역 안으로 들어오게 된다. 우리는 법을 마주하고, 법의 그늘 아래 있으며, 법을 개정하고 또 제정하는 것이다(87).

II '자유의지'의 법적 허구성과 아이러니 구조주의나 사회구성주의가 이론화되기 한참 이전에, 니체는 일찍이 서구법의 근본신화, 즉 '합리적인 개인들의 자유의지'의 신화를 깨부수기 위해 수사학적이고 윤리적인 전략을 전개한다. 구조주의의 고도의 진지함 대신 니체는 '유머'를 개인의 합리성과 의지를 비판하며 자유주의법학과 칸트적 윤리로부터 거리두기를 할 만한 기제로 본다.

인류의 영화(splendors)와 불행(miseries)이 만물(universe)의 운명과 접점에 놓인다고 봄으로써, 인간은 '사람이란 자유롭지 못한 세상 속의 자유로운 존재로서, 선을 행하건 악을 행하건 영원히 기적을 행하는 자'라 상상한다. 니체에게 있어 이는 태생적으로 우스운 광경이지만, 그는 인류가 (여전히) 스스로를 조롱하는 데 익숙치 않을 것을 염려하여 '인류에게 천상궁중(heavenly court)의 어릿광대 역을 수행하게 하는 창조주'라는, 키에르케고르적인 유머감각 있는 신의 형상을 상정한다. 궁중의 어릿광대는 웃고 싶어하는 게 아니라 자신의 고통을 비극적 방식으로 표출하지만, 그럼에도 그는 익살맞다(funny). 인간에게 유머는 취하거나 버릴 수 있는 태도, 혹은 주조해낼지 거부할지 선택할 수 있는 항이 아니다. 인간의 유머는, 가장 성스러운 도그마의 허약함과 편파성을 깨달은 드문 순간들에도, 우리는 이를 믿는 것처럼 행동해야 한다는 '사실'에 기인한다(88).

지젝(Zizek)이 항변했듯이, 오늘날 우리가 이런저런 이데올로기를 더 이상 (곧이곧대로) 믿지 않는다 해서 우리 냉소자들이 ─혹은 포스트모더니스트들이, 비판법학자들이, 퀴어이론가들이─ 실제 이데올로기 '형태'를 경유하지 않고서 이론구성을 할 수 있는 건 아니다. 우리는 모두 주체와 자유의지가 존재'했'던 것처럼 행동하게 되어 있다. 이런 모순은 비극적 차원에서 비방될 수 있지만, 한편으로는 희극적인, 더 정확히 말하면 영구적 아이러니로 이해될 수도 있다.

헤겔(Hegel)은 특정성(법)과 보편성(정의에의 요구)의 불가피한 간극에 존재하는 아이러니는 여성성(womenkind)에 다름 아니라고 본다. 헤겔은 니체처럼 아이러니를 우호적으로 바라보지 않았으니, 여성의 아이러니 역량을 긍정적으로 평가하지 않은 것은 분명하다. 나는 여기서 헤겔과 니체의 아이러니적 여성성을 각각 살펴봄으로써 '젠더적 정의(gender justice)'라는 주제와 접점을 찾아볼까 한다(89).

Ⅲ 아이러니와 젠더

젠더와 정의에 관한 내러티브들 중에서 가장 영향력 있는 것은 아마도 여성을 '정치 이전의 네트워크(pre-political network)'에 위치지음으로써 여성과 남성을 대치시키는 내러티브일 듯하다. 로크의 사회계약론에서부터 프로이트의 '결핍된 것으로서 여성상'에 이르기까지, 양지바른 남성들의 공적 세계(폴리스)로부터 여성들을 배제한다는 것이 페미니즘의 주장이다. 이런 페미니즘의 주장은 "남성/여성의 이분법이 (근대의) 다른 이분법적 구분들의 바탕이 되었다"는 니체의 분석에 은연중에 기대고 있다(90).

헤겔은 한 그리스비극을 예로 들며 인륜성(Sittlichkeit)의 발달에 대한 자신의 복잡한 논증을 뒷받침한다. 이쯤 되면 예상했겠지만, 헤겔은 안티고네(Antigone)를 정치 이전의 법 혹은 가정의 신성한 법을 대변하는 인물로서 위치짓고, 궁극적으로 승리하게 될 폴리스의 법과 대립시킨다. 가정법이 국법에 의해 변증적으로 전도(지양)되는 과정을 통해 국가의 성장을 정치이론적으로 논증하는 이 그리스 비극은, '진정한' 비극의 요건을 충족했다고 할 만하다. 그러나 가족에 개입해서 공적 세계를 사유화하는 여성은 공동체의 적, 다시 말해 '공동체의 영원한 아이러니'로 전락한다. 국가는 여성이라는 아이러니를 '지양'함으로써 자신의 정체성을 획득한다.

그러나 실제 안티고네는 헤겔의 시대에 존재하던 귀부인이나 왕비들의 미덕과는 다르게, 드러내 놓고 정치적이었다. 그녀는 언니(이즈메네)의 여성스러운 배려와 걱정을 뿌리치고, 크레온(Creon)에게 정면으로 반기를 든다. 오히려 크레온은 상당히 희극적인 인물이지만, 안티고네는 법을 조롱하거나 희화화하지 않았다는 점에서 희극과는 거리가 멀다(91). 만일 안티고네의 목소리에서 아이러니를 찾아낼 수 없다면, 헤겔이 여성은 폴리스 공동체의 아이러니라고 말한 의의는 무엇인가?

안티고네의 법은 (친족과 국가의 대립에서 전자가 후자에 의해) 지양되어 자기인식(self-consciousness)으로 짜 넣어진 것이라 보기 어렵다는 주디스 버틀러(Judith Butler)의 분석은 중요한 실마리를 제공한다. 인륜성으로 통합되지 않고 안티고네와 함께 무덤 속으로 들어가 버린, 잉여의 무언가가 존재한다. 안티고네는 자기 공동체의 아이러니가 아닌, '정신현상학(Phenomenology)'의 아이러니인 듯하다. 그녀는 절대정신이 발현될 구상(plot)을 제공하지만, 정신현상학의 내러티브 바깥에 머물면서 다른 법과의 조우에도 변하지 않는다(92).

헤겔은 여성의 법이 역사적으로 패배한 이유를 물리적 폭력이나 사유재산제의 확립 등을 통해 분석하려 들지 않는다. 그는 좀더 '이성적인' 설명을 하고자 한다. 그런데 안티고네는 크레온의 법을 인정한 바 없기 때문에, 그의 승리는 합리적이고 공정하다고 할 수 없게 된다. 더 나아가 이 구도에서는 하나의 법을 따르게 되면 다른 법에 등돌릴 수밖에 없고, 대립을 형성하는 두 축 가운데 하나를 선택하면 필연적으로 다른 것을 위반하게 된다. 헤겔에게 이것은 코믹하다. 즉 윤리적 의무와 격정(passion) 사이의 대립은 '슬프'거나 '유감스럽'겠지만, 절대적 충실을 요하는 두 법 사이의 그것은 코믹하다는 거다. 만일 우리가 남성법과 여성법의 이항대립 바깥에 위치할 수 있다면, 우리를 에워싼 바로 그 대립항으로부터 거리두기 위해 아이러니를 사용할 것이다. 그러나 —적어도 정신현상학에 따르면— 우리는 그런 이항대립 바깥에 위치할 수 없다. 그렇기에 이 이항대립은 죽임당하는 안티고네가 '공동체의 영원한 아이러니'가 됨으로써 해소될 수 있다.

그런데 여성성의 법이 폴리스의 더 높은 윤리적 명령에 굴복하는 건 가장 비이성적인 수단, 즉 '자연'을 통해 가능해진다. 안티고네의 법은 젠더이분법(음양)에 의해 밤에만 유효하게끔 만들어져 있고, 비록 안티고네가 섹스, 임신, 모성 등 '자연과의 연결고리'가 약하긴 해도, 그녀 역시 자기 성별의 자연성에 귀속된다는 것이 헤겔적 귀결이다(93).

헤겔이 변증법의 계기들을 짜깁기(patch over) 위해 배열한 일련의 이분법적 연상들(여성-밤-자연-필요성-가족 : 남성-낮-문화-자유-국가)은 여전히 유의미하다. 이는 오늘날 페미니스트들이 '시민사회와 국가에 대한 현실적 여성참여가 증가하였다 해도 여성성 : 남성성의 구도는 여전히 —인식론적 차원에서— 이분법적'이라 주장할 주된 근거를 제시해준다. 그리고 이런 (인식론적) 이분법은 더 이상 '여성문제'에만 국한되는 것이 아니라, 새로운 문제들을 제기한다(94).

IV 퀴어로 행동하기: 오페라에서 니체 오늘날과 같은 '여성문제를 넘어선 문제제기(post-woman-question)'의 시대에는 여성성이 아닌 퀴어적 관점과 행위들이 공동체의 아이러니로 작동하게 된 듯하다. 퀴어(queer)는 단순히 게이-스트레이트의 이분구도에 기초한, 게이의 또 다른 명칭이 아니다(95).

트랜스젠더는 새로운 사회의 새로운 아이러니가 된 것인가? 물론 기독교 전통이 여전히 강한 미국 일부지역에서 트랜스젠더는 수간, 남색 등의 이미지로 채색되어 있지만, 다문화적인 도심부에서 게이와 레즈비언은 더 이상 이질적인 외부인으로서 타자화되지 않는다. 대부분의 게이들이 백인이라는 점도 여기에 일조하지 않았나 싶다. 오래전 아일랜드 이민자들이 그러했듯, 그리고 이후 유대인들이 그러했듯 말이다. 퀴어는 잘게 부서지고 모순된 정체성(identity)도 아니며, 단지 '삶의 한 방식'일 따름이다. 퀴어는 '섹슈얼리티의 배열'을 거부하거나, 때론 조롱하는 행위들을 해나간다(96).

이에 대해 일찍이 언급한 건 니체인데, 그는 오페라에서 종종 들을 수 있는 콘트라알토(contraalto)의 목소리에서 순간적으로 성차를 넘어선 혹은 성을 초월한(superior to sex) 경험을 하게 된다고 이야기한다. 대개 콘트라알토는 이상적인 남성 연인의 배역을 연기하지만, 목소리 톤에서는 여전히 어머니, 주부, 혹은 특히 사랑에 빠진 여인의 느낌이 배어나온다. 눈이 귀와 다른 느낌을 전달하는(belie) (아이러니) 속에서 청중은 순간적으로 '성을 초월한' 퀴어 효과를 경험하게 된다는 것이다(97).

V 성을 초월한 그렇다면 이번에는 오페라와 정반대편의 문화적 스펙트럼에 위치한다고 할 만한 형사재판의 장면에서, 니체의 문제의식을 확인해보도록 하자. 베드포드 씨(Ms Bedford)는 북 토론토(north of Toronto)에서 매음굴을 운영하였다는 혐의로 기소되었다. 대

부분의 성매매 사례들의 경우, 금전적 대가의 지불과 수령이 존재했는지가 문제시되지만, 이 사안의 경우 그건 전혀 문제의 초점이 아니었다. 베드포드 씨는 자신이 제공한 여성지배자(dominatrix)로서의 서비스가 성적 행위로 귀결되지 않았다고 주장하였다. 그녀는 그것이 성을 초월한(superior to sex), 그리고 남성(에 대한) 마조히즘이 젠더의 해체와 전복에 기초한다는 차원에서는 '젠더를 넘어선' 행위였다고 주장하였다(98).

그러나 사도마조히즘은 역할놀이(role play)나 판타지, 그리고 권력의 맞바꿈(exchange of power)이지 섹스가 아니라는 피고측의 주장은 단지 법관의 상상력을 '성적인 것'으로 더욱 몰아가고, 결과적으로 성행위의 해석적 적용면적을 넓혀 놓았을 뿐이었다. 피고 측이 주장하는 퀴어 행위의 고유함은 법관으로 하여금 베드포드 씨의 주거지가 명백한 ―그리고 다양한― 성적 불놀이(fireworks)들이 벌어지던 장소라는 확증을 가지게 하는 쪽으로 귀결되고 말았다. 아이러니는 법원의 무표정하고 물신숭배적인 법정담론(forensic discourse)에 의해 평가절하되었다고 하겠다(100). 남성과 여성이 '사실'로서 눈앞에 구분되어 존재하는 이상, 아마도 우리가 '성을 초월하'기는 어려울 것이다. 그러나 법학자로서 우리는 최소한 눈을 감고, 퀴어적 목소리에 귀 기울이며, 때에 따라선 함께 흥얼거리기도 하면서, 젠더가 우리가 '아직까지는 온전히 버릴 수는 없는' 허구(fiction)일 따름이라는 점을 지각할 필요가 있다(101).

◆ 비 평 : 정의는 아이러니다 ◆

이 글은 아이러니로서의 정의, 바꿔 말해 '정의는 아이러니다'라는, 근대적 법 관념에서 볼 때 다소 도발적인 주장을 펼치고 있다. 최근 포스트모더니즘 이론 중 특히 패러디(parody)의 정치적 의의를 재발견한 논의들은, 이미 저작권법이론 등에서 응용되고 있다. 저자는 패러디가 근대성의 독단적 권위를 약화시키는 의의를 지님은 인정하지만, 그보다는 아이러니에서 더 많은 가능성을 발견한다.

여기서 저자는 아이러니를 헤겔식의 '지양'되어야 할 그 무엇으로 보지 않는다. 헤겔식의 아이러니는 그의 안티고네 분석에서 잘 표출된다. 헤겔은 '가족의 가치를 옹호하며 신의 법을 따르는 여성'으로 안티고네를 읽어낸다. 그녀는 가족을 위해 행동함으로써 공동체의 가치를 배반하지만, 그러한 그녀가 존재함으로써 크레온 역시 공동체 가치를 위해 가족과 신의 가치를 저버리는 혐의에서 자유로울 수 없게 되는 것이다. 그렇기에 그녀는 공동체에 걸림돌이 되지만 그렇다고 무시하고 넘어갈 수는 없는 존재, 즉 아이러니가 된다. 헤겔은 변증법의 논리에 의해서 그 아이러니를 남성적이고 공적인 법의 가치체계로 흡수 · 지양시킨다.

하지만 작가는 바로 그 지점에서 헤겔의 모순을 발견해낸다. 헤겔식의 변증법이 올바르게 작동했다고 말하려면, 크레온의 승리는 합당해야 한다. 그러기 위해선 안티고네의 법이 국가법으로 지양되는 데에 이성적인 합의가 존재했어야 한다. 그러나 안티고네는 크레온의 법을 끝까지 수용하지 않았다. 따라서 안티고네의 '지양'은 결국 가장 비이성적인 논거, 즉 성별에 기초한 자연성(음양의 젠더이분법)에 의해 근거지어진다. 바로 그런 의미에서 안티고네는 변증법의 불가능성을 폭로해주는 존재, 저자의 표현을 빌자면 '공동체의 아이러니가 아닌, 정신현상학의 아이러니'가 되는 것이다.

저자는 콘트라알토의 예와 '여성지배자'적인 사도마조히즘에 관한 판례로부터 퀴어(queer)가 지닌 아이러니적 의의를 캐내어 조각한다. 주의할 건, 여기서 퀴어가 정형화된 트랜스젠더를 지칭하는 건 아니라는 점이다. 우리 사회에서도 하나의 현상(phenomenon)이

된, 트랜스젠더 연예인 효과는 이항대립의 전형적인 특성들을 유지한 채, 성적 고정관념을 더욱 공고히 할 뿐이다.

여기서 '정의는 아이러니다'라는 명제가 성립하기 위해서는 다음 네 요건들이 선제된다. (1) 아이러니는 이항대립된 전형적 특성에 구속받지 않는다. 카운터테너나 콘트라알토가 아이러니적인 건 여성 속의 남성성, 남성 속의 여성성의 중층구도를 보여줌으로써 남성성/여성성 이항대립의 비진실성을 노정해 보이기 때문이다. (2) 그러나 저자는 남성성과 여성성 코드 자체를 폭파시키려고 하진 않는다. 아이러니는 넘나들며 이죽거리는 기제이지 전멸시키는 기제는 아니다. (3) 아이러니는 외부성이 아닌 '내부성'을 갖는다는 점도 주목할 만하다. 이는 패러디와 대조되는 아이러니의 특성이다. 패러디는 상대방을 흉내내고 그 흠집을 발견해내는 외부효과를 노리는 반면, 아이러니는 '자기모순'이라는 자기비하를 통해 내부효과를 만들어내기 때문이다. 내부로부터 가능성들을 끌어낸다는 점이 아이러니가 갖는 빛나는 생명력일 것이다. (4) 또한 아이러니는 '즐김'이다. 지젝의 정신분석학이 '자신 안의 소타자(object a)를 즐겨라'라 명하듯, 아이러니가 아이러니일 수 있게 해주는 건 진지하고 경직되게 받아들이지 않고 유머로서 즐기는 것이다. 남성성과 여성성의 넘나듦을 즐기지 못하고 진지하게 정체성과 결부시킬 때, '파리넬리'나 '패왕별희'에서와 같은 갈등구조가 발생할 수박에 없다.

피에르 르장드르와 비평의 가능성: 신화, 법 그리고 셸리의 '해방된 프로메테우스'

▶ Pierre Legendre and the Possibility of Critique: Myth, Law and Shelley's Prometheus Unbound
A. Gearey, Cardozo Studies in Law and Literature 제11권 제2호, 1999.

reviewed by | Soyoung Lee

저자 애덤 기어리(Adam Gearey)는 요크 대학에서 학사과정을 밟으며 영문학과 사학을 복수전공하였다. 이후 셰필드 대학에서 법사회학으로 석사 학위를 받았고 런던대학교 비르크벡 대학에서 박사 학위를 받았다. 1998년 비르크벡 대학 교수로 임용된 그는 켄터베리의 켄트대학에서 강의를 하기도 했다. 탈식민주의 법학과 포스트맑시즘, 그리고 법문학과 법미학 등이 그의 지적 관심분야이며, 최근 연구물로는 "Work that came out of these visits includes 'A Poetics of Truth and Reconciliation'"(Journal of Law and Society 제31권 제1호, 2004), *Globalization and Law: Trade, Rights, War*(Rowan and Littlefield, 2005) 등이 있다.

I 르장드르(Legendre)가 법학에 기여한 바는 법제도의 다분히 신화적인 속성을 예민하게 통찰했다는 점일 것이다. 법의 실제규범이 '다른 장면(another scene)'에 오롯이 의존하고 있다는 사실은, 근대법이 여태껏 내다보지 못했던 지점이다. 그런데 법의 '다른 장면'에 대한 르장드르의 이 같은 옹호에도 불구하고, 그의 저작들은 일반적으로 (문학)비평과 관련지어지진 않았었다. 그보다는 로마법의 '비켜갈 수 없는 현존성'과 연관된 구조들, 그리고 거기에 종속된 주체상 등이 그의 연구를 이해함에 있어 과도하게 주목받아 왔다. 르장드르를 '다시 읽기'란, 그의 작품에서 그러한 보수성을 읽어내자는 말이 아니다. 실제 그의 작업들에서 찾아낼 수 있는 몇몇 비판적 요소들은 근대성에 대한 다른 비판적 접근들과 접목된다. 또 이는 '억압적인 법'에 대립하는 '시적 신화'와 다시금 연결된다. 르장드르의 저작을 신화와 연결짓는 작업은, 셸리(Shelley)의 「해방된 프로메테우스(Prometheus Unbound)」를 '기존의 신화세계에서 공동체와 정치의 시원을 새롭게 읽어낸' 작품으로 해석하는 데서 출발한다(135).

셸리의 텍스트는 제도화된 구조로부터의 해방을 지향한다. 요컨대 '사랑의 이름으로' 단행되는 혁명을 말이다. 여기서 사랑은 '제도에의 욕망'이 아니라, 인간의 가능성에 대한 시적이고 유토피아적인 '상상력'과 동일시되어야 한다. 또한 기존 셸리해석에서의 휴머니즘을 벗어나서 작품을 읽을 것이 요구된다. 「해방된 프로메테우스」의 정치학은, 르장드르가 빈틈(void)이라 명명한 그것이 지닌 가능성을 내보여 준다고 할 수 있다. 인간을 특징짓는 심연의 '비어 있음'을 설명할 유일한 방법은, 권력의 빈 공간을 획득하기 위해 필요한 힘을 신화화하는 것이라고, 셸리의 작품은 제안하고 있다. 빈틈을 인식함으로써 가부장적인 계보학을 새롭게 구성할 수 있다는 것이다. 그런 의미에서 이 작품은 신들의 계보, 그러니까 합법성의 계보학을 교란하는 신화적 내러티브를 재발견하게끔 해준다(136).

Ⅱ 르장드르의 기획에서는 신화를 '흐르는 시간 속에서 스스로를 반복하는 형태'로 규정짓는 경향이 강하다. 신화는 사회적인 것(the social)의 근저를 이루는 어떤 의식을 묘사한다. 사회적 공간은 신성에 종속되어 있는데, 이러한 신성은 접근가능한 것이 아니라 누군가 혹은 어떤 의식을 통해 '대신 말하여져야' 한다. 이 지점에서 르장드르의 작업은 법의 기원을 '법과 종교의식 둘 다를 관장하는 사제계층'의 그것으로 바라보는 역사가들과 맥을 같이한다. 다만 르장드르는 이를 선사시대의 법에 국한시키지 않고, 사회적 토대들을 법이 접합하는 게 모든 사회질서에 있어 필수적이라 이해한다. 이것이 이른바 교조적 의사소통(dogmatic communication)이다. 서구역사에서 교조적 의사소통은 그리스·로마문화와 기독교문화의 접촉지점에 위치했다. 이는 한 세계에서 다른 세계로의, 더 정확히 말하자면 신성에서 인간에게로의 소통창구이다. 구조적으로 상이한 차원에 서 있는 이 두 세계를 연결시키기 위해서는 가상의 질서를 구축하고, 인간사회가 접근불가능성과 신성에 입각하였다고 정의하는 텍스트 —구두텍스트[1]와 문자텍스트 둘 다— 의 유포를 염두에 둘 필요가 있다. 교조적 의사소통은 텍스트의 전송을, 즉 해당 사회에서 진리 지위를 점한 담론의 유포를 전제한다. 텍스트에 몰입한다는 건 그 텍스트에 선제된 진리 형상에 복종하는 걸 의미한다. 텍스트는 해석자들에게 해석(할 수 있는) 권위를 부여하고 그럼으로써 참조(reference)의 기능을 작동시킨다. 바꿔 말해, 텍스트의 '진리'는 텍스트의 자기회상과 영구화, 그리고 지속적인 유포를 통해서

1) 구비문화에서 텍스트는 쓰여진 형태를 띠고 있지는 않지만, 유사한 구조적 기능을 달성하는 특수한 의식 혹은 의례들의 집합을 반영할 수는 있다고, 르장드르는 이해한다.

구축된다고 할 수 있다. 요컨대 '진리 담론은 진리 재생산의 담론'인 것이다(137).

교조적 의사소통이 이루어지는 양상은, 정신분석학에서 말하는 금지(interdiction)에 가깝다. 금지는 그 자체로 빈 범주(empty category)이다. 금지는 근친상간의 터부라기보다는 '사이의 혹은 그 속의' 공간이며 '발화(speech)를 행하는 발성(utterance)'이라 할 수 있다. 발화가 행해진 후에야 법의 규범적인 내용이 의미를 갖게 되는 것이다. 이때 금지는 분할의 원리에 의해 작동한다. 어린아이는 '말하는 주체'가 되기 위해선, 언어가 욕망의 대상을 오롯이 표현해내지 못하더라도 언제나 언어를 통해 모든 걸 표현해야 한다는 걸 깨달아야 한다. 그 배움은 곧 금지를 받아들인다는 것이고, 이는 실재계의 대상으로부터의 근원적 분리를 받아들인다는 걸 의미하기도 한다. 분리된다는 건 단지 언어가 대상을 표상함을 깨닫는 데서 그치지 않고, '주체는 곧 언어적인 주체'라는 —주체호명론적— 차원을 인식하는 데까지 나아간다. 요컨대 '나는 다른 사람에게서 불리어지는 대로의 나'라는 것이다. 르장드르가 "도그마는…발화가 타자의 표상이라 문제시한다"고 했을 때 지적한 것도 이것이다.

한편 금지는 계보학과도 직접적으로 연관된다. 금지가 '주체를 분할하는 발화'라면, 계보학은 '과거에 말하여진' 발화들이 집적된 공동체나 친족체제에 존재하는, '금지의 사회적 기능'의 확장된 형태라 할 수 있고, 이를 통해 주체는 사회질서 내로 편입된다(138). 예컨대 사회적 발화의 실현으로서 '정치'는, 사회를 유지하기 위해서 이미지를 통해서만 표상될 수 있는 '부재하는 대상' 혹은 '절대적 타자'를 생산해낸다. 이는 신화적인 표상이라고밖에 말할 수 없다.

르장드르는 또한 법의 특정한 구조나 역사를 분석하는 작업도 시도한다. 그는 서구전통에서 그리스·로마문화와 기독교문화의 결합에 주목하는데, 이 주제를 다루기 위해 나르시스 신화와 베로니카 이야기를 끌어온다. 나르시스 신화는 a) 주체가 자아를 인식하기 위해서는 거울이라는 분할적 매개체를 통해 자아로부터 거리두기를 해야 한다는 점과 b) 자아를 직접 욕망하는 대신 사랑에 빠질 이미지를 갖고 있어야 한다는 점을 말해준다(139). 그리스도교는 이 나르시스 구조를 가지고 와서 한 발짝 더 나아간다. 베로니카[2]는 예수의 얼굴을 표상하는데, 이는 신성의 이미지임과 동시에 그 여인 자신의 이미지이기도 하다. 즉 참자아의 모습은 부재하는 신성의 그것이고, 그렇기에 자아를 사랑하기 위해서는 부재에서 오는 불안감과 외로움을 이겨내야 하며, 그 지점에서 교회의 의식과 형재애가 작동한다는 것이다(140). 바꿔 말해 제도를 사랑하지 않을 수 없게 된다는 것이다. 그렇다면 인류는 법을 사랑할 수밖에 없는가?

Ⅲ

셸리의 작품은 법의 신화적 속성을 이해하는 데 있어 보다 진보적 관점들을 제시해준다. 셸리는 법을 특정한 제도에 종속된 것으로서가 아니라, 시를 통해 표출되는 인간의 간절한 염원과 열망으로서 이해한다. 이 때 시는 '인간의 태생적으로 타고난' 것으로서 '말로 표현하지 못할 그 무엇(ineffable)'과 인간의 상상력 사이를 매개한다. 시에서 진실은 오로지 비유를 통해서, 혹은 시인 스스로도 제어할 수 없이 생성되는 이미지들을 통해서만 표출된다(141). 더 나아가 셸리는 '누구나 지각하긴 하나 오로지 시를 통해서만 표출될 수 있는' 가치들

2) 성녀 베로니카는 가톨릭 전설 속의 인물로서, 이름은 vera icon(참된 모습)이라는 의미를 지닌다. 그녀는 예수가 골고다 언덕을 지날 때 옷자락으로 예수의 피와 땀을 닦아주었던 여인으로 알려져 있는데, 그 때 예수의 얼굴모습이 옷에 아로새겨졌다고 한다. 또 다른 전설에서는 그녀가 예수의 초상을 지니기를 소망하여 화가에게 자신이 예수를 만날 때마다 그의 모습을 흰 천에 그리게 하자, 예수가 자기 형상을 천위에 새겨지도록 해 주었다고 전해지기도 한다.

의 연원이 시적 상상력이라 본다. "이런 가치질서를 표현해내는 시인은, 언어와 음악의 저작자가 아니라 법 제정자이며 시민사회의 창조자"라는 것이다. 시가 인간의 도덕적 본성을 다룬다는 점에서 특히 그러하다.

셸리에게 시는 도덕적이지만, 이 때 도덕은 내용(content)을 갖지 않는다. 법의 기초가 되는 도덕은 지명되어질 수 없는 그 무언가를 지명한다. 타자를 존중하려는 지속적인 갈구 가운데 도덕이 위치하며, 이 열망을 고갈시킬 만큼 이상적인 내용을 특정화하는 건 불가능하다는 것이다. 하나 분명한 건 타자를 존중하려는 갈구는 '스스로 이해하지 못하는 말들'의 반복 속에서 끊임없이 스스로를 확언할 것이라는 점이고, 이것이 도덕의 '가치 없는 가치(valueless value)'이다. 그렇기에 시 역시도 지속적으로 재창조된다(142). 텍스트는 언제나 재해석에 열려 있으며, 권위의 물신화 따위는 있을 수 없다. 셸리의 「해방된 프로메테우스」 역시, 소실된 에스킬러스(Aeschylus)의 원작을 복원하거나 '대타협'을 그려낸 것이 아니라, 프로메테우스의 해방과정과 이후 변화된 세계에 대한 셸리의 개혁적 사고를 드러내 보여주도록 '재창조'되었다(143).

Ⅳ

프로메테우스 신화에서 프로메테우스는 티탄족이다. 티탄 설화구조에는 오이디푸스적 요소가 명백히 존재하고 있는데, 말하자면 이렇다 : 티탄은 그의 아우 사툼이 사내자식을 갖고 있지 않다는 전제하에 세계를 물려주었다. 하지만 사툼은 아들 주피터를 얻었고, 이 사실이 티탄에게 알려졌다. 티탄은 아우와 싸운 후 그의 아들 ―즉 자신의 조카― 주피터에게 세상을 물려주었다. 이처럼 아들에 의해 아버지가 쫓겨나는 소재는 프로메테우스 신화에서도 반복된다(145).

(그렇지만) 르장드르의 관점에서 신화를 읽는다는 건, 이 같은 금지

가 어떻게 교조적 의사소통의 공간과 연관되는가를 읽어내는 것이다. 프로메테우스는 인간과 신들의 중간위치를 점하고 있다. 티탄족은 '인류를 신들에게서 분리해내는' 임무와 '인류를 완성하는' 임무를 둘 다 수행한다. 이 작품은 메시지의 전송과정에 상당히 주목하고 있다. 여기서 주된 메시지는 프로메테우스의 주피터에 대한 저주와 그로 인해 받게 된 형벌이고, 이것이 작품의 토대를 형성하는 참조(reference)이다. 이는 권력 원칙의 부재와 ―더 중요하게는― 그 권력에 대한 저항을 보여준다(146). 프로메테우스가 불을 훔친 행위는 그 자체로서 아버지의 권력이 전송되는 것을 방해한, 교란행위이다. 작품의 주된 가설은 '아버지는 메시지가 변이된 채 전송되는 걸 막을 수 없다'는 점이다(147).

프로메테우스에 의해서 창시된 세계는 신성에 그리 많이 종속되어 있지 않다. 프로메테우스가 '신들의 아버지'를 저주할 때 그는 자신의 신적 태생으로부터 자기자신을 분리시킨다. 셸리의 신화세계에서, 아버지의 법은 제한적이다. 자신의 태생을 부정하는 프로메테우스의 예언은 인간으로 하여금 자기근원에 대한 존재론적 질문을 던지게 하는데, 여기서 인간은 신이 인간의 상상력에 따라 '저 위에' 존재하는 것으로 차별화된 따름이라는 점을 깨닫는다. 프로메테우스의 반역은 신성의 부재를 '합리적 담론으로 환언되거나 언어로 표현될 수 없는' 그 어떤 인간의 가능성으로 대체케 해준다(148).

「해방된 프로메테우스」의 인물들은 언어를 통한 의사소통의 한계에 부딪힐 때면 형상을 통해 그 의미를 공감해가며, 형상마저 부재한 상황에서는 자신의 내면을 들여다본다. 르장드르의 사랑이 궁극적으로 제도에의 종속으로 이어진다면, 셸리에게서 그것은 공감과 상상력을 통한 혁명으로 나아간다(149). 즉 셸리에게선 도덕적 행위를 유발하는 힘으로서의 시적 상상력이 '사랑'과 연계되는데, 이는 나르시스와 베로니카 이야기에 기초한 르장드르의 사랑 해석과 일치하지는 않는다는 것이다.

프로메테우스가 인간에게 불을 선사한 것은 '인간에 대한 너무나 많은 사랑과 우정' 때문이었다고, 그 자신이 밝히고 있다. 주피터의 정의는 권력자의 권위에 기초하였고, 이는 넘치는 사랑에 기초한 프로메테우스의 정의와 명백히 대비된다(150). 셸리에게 사랑은 이상세계를 구현하는 혁명적 가능성의 근거이며, 호혜의 원칙에 바탕을 두고 있다(152).

V 르장드르의 작업은 근대성의 결함을 지적해 보여주면서, 오래된 옛이야기들에서 개인 및 공동체의 정체성형성의 기원을 찾아낸다. 이러한 구조를 분석해내는 정신분석학은 그러나, 자칫 팔루스(phallus)에 대한 변명에 지나지 않거나 모든 시대와 모든 장소에서 반복되는 논리의 단순한 기록에 그칠 위험성도 가진다. (프로이드의) 오이디푸스가 그런 류의 정신분석학을 대표한다면, 셸리의 프로메테우스를 르장드르와 곁들여 읽는 건, 보다 더 개방적인 문제의식과 접근가능성을 열어준다고 할 수 있다. 해체적 방법론이 지식담론의 주류로서 철학이 누려온 특권에 대해 문학이 가한 복수였다면, 오늘날의 정신분석학도 (이러한 복수로부터) 예외는 아닐 듯하다(153).

◆ 비 평 : 신화와 법, 그리고 문학비평 ◆

이 글은 르장드르의 법계보학을 프로이트적 정신분석학의 구조주의에 입각해서 해석하는 기존의 이론들과 달리, 신화분석의 문학비평적 차원을 부각시켜 새로운 해석을 펼쳐 보인다. 르장드르의 법계보학에서 사회는 신성에 의해 공동체화되었으며, 그 신성은 언제나 보이지 않는 그 무엇으로서 제례나 의식을 통해서만 구체화된다. 대부분의 전근대사회에서 법관과 종교적 사제가 동일한 인물이었던 연유를 여기서 찾는 건, 많은 법사학자들이나 법인류학자들이 이미 해 온 바이다. 르장드르가 여기서 한 발짝 더 나아간 건, 그러한 연결고리가 현대사회에도 교조적 의사소통의 형태로 전송 내지 전승되어 오고 있다는 점을 신화분석 및 정신분석이론을 통해 주장한 점이다.

여기서 저자가 르장드르의 이론의 정신분석학적 도식화를 간결하게 설명해주고 있는데, 다음과 같다: 그리스 · 로마문화의 나르시스 신화를 통해 유추할 수 있는 두 가지는 첫째, 인간의 자기애는 거울이라는 매개를 통한 거리두기에 의해서만 죽음이 아닌 생의 세계에서 가능하며 둘째, 자기 자신이 아닌 이미지라는 대체물에 대한 사랑이라는 점이다. 베로니카 설화에서 드러난 기독교문화는 여기서 더 발전해 그 대체물이 곧 신이며, 참된 자아를 사랑하는 것이 곧 하느님에 대한 사랑과 연결된다고 보았다. 그런데 그 신성이 '언제나 보이지 않고' '결코 도달할 수 없는' 무엇이라면, 참자아에 대한 인간본능적 욕구는 결코 충족될 수 없는 신성을 향하게 되고, 그 충족되지 못함에 대한 불안이 인간을 종교적 의식과 제례에 의지하게 만든다는 것이다. 그렇기에 인간은 제도를 사랑할 수밖에 없으며, 더 나아가 법을 사랑하지 않을 수 없다는 논리다.

그러나 저자는 법을 제도와 동일시하는 르장드르 해석에 이의를 제기하며, 그에 앞서 사랑이 자기애라는 데에도 근본적으로 다른 주장을 내놓는다. 사랑은 자기애가 아니라 타자애라는 점을, 그리고 법은 제도적인 것이 아니라 문학적인 것이라는 점을 저자는 프랑스 낭만주의 시인 셸리에게서 끌어온다. 문학적인 진리는 이미 주어진 것이 아니라, 미래를 향해 열려 있고, 그렇기에 구조적인 해석으로부터 보다 자유로울 수 있다. 합리적 담론으로 설명할 수 없는 그 무엇에 대한 불안감도 그렇게 생각할 때 불안함의 대상이 아닌 것이 된다. 이로써 르장드르 해석의 방향을 독점하던 주류 정신분석학 이론으로부터 어느 정도 해방된 채 새로운 가능성들을, 기어리는 찾아내려 하고 있다.

찾아보기

ㄱ

ㄹ

ㅁ

ㅌ

ㅍ

ㅎ

《 저자 약력 》

이상돈

프랑크푸르트대학교 법학박사
현재 고려대학교 법과대학 교수

민윤영

현재 고려대학교 대학원 법학과 석사과정
법학연구원 연구원

이소영

현재 고려대학교 대학원 법학과 박사과정
법학연구원 연구원

정채연

현재 고려대학교 대학원 법학과 석사과정
법학연구원 연구원

문헌연구 포스트모더니즘과 법

2006 년 12 월 1 일 초판 인쇄
2006 년 12 월 5 일 초판 발행

저 자 이상돈 · 이소영
민윤영 · 정채연
발행인 이 방 원
발행처 세창출판사
서울 종로구 송월동 64 - 1 (2층)
전화 723 - 8660 팩스 720 - 4579
E-mail: sc1992@empal.com
http://www.sechangpub.co.kr
등 록 1990. 10. 8 제2- 1068호(윤)

정가 22,000 원

ISBN 89-8411-158-9 93360